DE L'ÉDUCATION.

EXTRAITS

DES OUVRAGES DE MGR L'ÉVÊQUE D'ORLÉANS.

ORLÉANS, IMPRIMERIE D'ALEX. JACOB.

DE L'ÉDUCATION

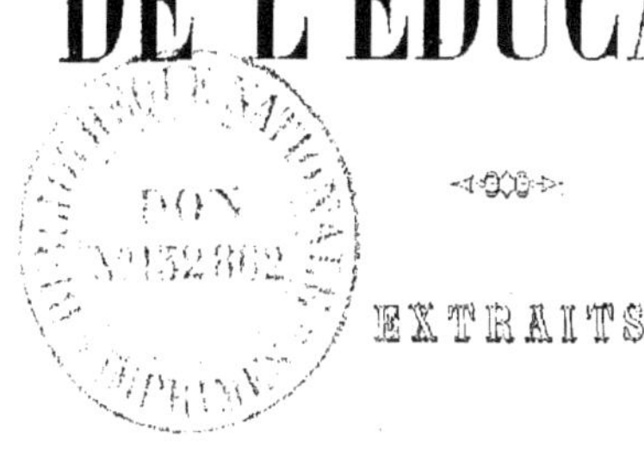

EXTRAITS

DES OUVRAGES DE MGR L'ÉVÊQUE D'ORLÉANS

PUBLIÉ

PAR LE COMITÉ DE L'ENSEIGNEMENT LIBRE

SOUS LA PRÉSIDENCE DE M. LE Cte MOLÉ

PARIS,

LECOFFRE, LIBRAIRE, RUE DU VIEUX-COLOMBIER, 29.

1851.

DON N° 152.802

AVANT-PROPOS.

Mgr l'Évêque d'Orléans a bien voulu permettre au
Comité de l'enseignement libre de publier de nouveau ses
Lettres sur l'Education privée, en y joignant deux chapitres de son beau livre DE L'ÉDUCATION. Ce livre a obtenu
un succès bien remarquable, et qui, au milieu de la mobi-
lité des préoccupations actuelles, ne semblait pas promis
à une œuvre aussi sérieuse. Il ne suffirait pas, pour expliquer ce succès, de le rapporter au talent de l'illustre
Auteur, qui sait traiter d'une manière à la fois si profonde
et si charmante les plus difficiles questions. L'attention
a été captivée par ce livre, malgré l'agitation des événe-
ments, comme le regard s'arrête, malgré le mouvement
des flots, sur les points lumineux et fixes qui signalent les
recifs et tracent la voie du salut.

Tous les esprits réfléchis, en effet, attendent beaucoup
d'une meilleure Éducation de la jeunesse, et de jour en
jour on se fait des idées plus justes à cet égard. La France
a dû et doit le rang qu'elle occupe dans les sciences, les
lettres, la guerre, les arts, l'industrie même, à la supé-

riorité des hommes qu'elle a produits, et cette supériorité résulte moins de l'*Instruction* variée que de l'*Education* solide que la famille et la religion doivent dispenser à la jeunesse. L'unité, comme la grandeur intellectuelle d'une nation, ne consiste pas dans l'égalité chimérique de l'instruction, qui doit être diverse, comme les conditions de la vie, mais dans l'égal apprentissage d'une Éducation forte. Et quelle est l'Éducation qui peut amener ce résultat, si ce n'est l'Éducation chrétienne, qui, par les mêmes enseignements, forme l'homme pour la famille, pour la cité, pour la patrie, pour l'humanité, et pour le ciel même !

On convient généralement de ces vérités. On hésite davantage sur la manière de conquérir cette Éducation et sur les conditions nécessaires pour la conserver.

Dans cette grande question, comme en toute chose, on ne peut arriver à la vérité qu'en remontant aux principes. Jamais ces principes n'avaient été exposés avec autant de netteté, avec autant d'élévation d'âme et de paroles que dans les pages si remarquables que nous publions aujourd'hui.

Quelques mots suffiront pour montrer l'économie et en même temps l'unité de cette publication ; car, malgré son titre d'Extraits, elle forme un ensemble complet : la simple indication des matières qui y sont traitées en est la preuve :

Pour rester dignes de leur mission, tous ceux qui s'occupent de l'enfance et de la jeunesse doivent bien se pénétrer du but proposé à leurs nobles efforts et des moyens à prendre pour y arriver ; le but, c'est de former l'homme dans l'enfant ; le moyen, celui qui comprend tous es autres, c'est l'Éducation. Voilà ce que démontre

Mgr l'Évêque d'Orléans dans l'introduction : *Les hommes nous manquent. C'est l'Education qui fait les hommes* (p. 1).

L'instruction seule, malgré son importance, ne peut suffire à cette tâche, rien ne peut suppléer l'Éducation. Donc *il ne faut pas sacrifier l'Education à l'instruction* (p. 21).

Ce n'est pas l'Éducation privée qui fait les hommes, c'est l'Éducation publique, lorsqu'elle est bonne. Cette vérité est prouvée de la manière la plus péremptoire dans les *Lettres sur l'Education particulière* (p. 35).

Quand les hommes ont été faits par l'Education, il faut prendre garde que l'oisiveté ne les défasse, car *nul n'est ici-bas pour ne rien faire. Il y a un état, une fonction, un travail pour chacun* (p. 111).

Telles sont les importantes questions qui seront traitées dans les pages qui vont suivre : on conviendra que ce sont les véritables bases de l'Éducation humaine.

Ajoutons, en terminant, que la lecture de ces éloquentes paroles aura encore une autre utilité :

Elle fera réfléchir les pères de famille sur les devoirs que leur impose leur titre. Non, il n'est pas nécessaire que tous s'occupent de politique, mais tous doivent s'occuper d'Éducation. Car tous les pères et toutes les mères ont reçu de la Providence la mission de laisser après eux non des richesses, non des livres ou des systèmes, non une renommée, non une fondation, mais des hommes meilleurs qu'eux-mêmes. C'est leur principale responsabilité. Il n'est pas trop de longues années et d'une courte étude pour y réfléchir et s'y dévouer.

L'ouvrage de Monseigneur d'Orléans est, en outre, un appel aux chrétiens, pour les engager à soutenir les établissements anciens ou nouveaux, dignes de la grande tâche que nous avons imparfaitement décrite, et un appel à ces établissements eux-mêmes, pour les conduire aux véritables progrès. Le *Comité de l'enseignement libre* s'associe à ce double appel.

De généreux efforts sont consacrés de toutes parts à la restauration de l'Éducation chrétienne en France. Dieu seul sait s'ils réussiront, au milieu de jours si difficiles. Les amis de l'Enseignement chrétien espèrent que dans vingt ans l'instruction ne paraîtra ni moins brillante, ni moins variée, ni moins pratique, pour avoir été plus religieuse; aucun effort ne leur coûtera pour arriver à ce but. Ils souhaitent surtout avec ardeur le triomphe de l'Éducation forte et religieuse, qui produit *cette justesse dans la vie, cette égalité dans les mœurs, cette mesure dans les passions,* que Bossuet appelle *les riches et véritables ornements de la créature raisonnable.*

Ce sera travailler à cette grande œuvre que d'étudier et de répandre l'important écrit que le *Comité de l'enseignement libre*, grâce à la bienveillante autorisation de Mgr l'Évêque d'Orléans, adresse à ses Correspondants.

INTRODUCTION.

LES HOMMES NOUS MANQUENT.

L'ÉDUCATION FAIT LES HOMMES.

Il y a des temps pleins d'alarme, où les nations les plus puissantes se troublent tout à coup et semblent, selon l'expression de l'Écriture, marcher étourdies et chancelantes dans leurs voies, *conturbatæ sunt gentes;* des temps pleins de douleur, où les royaumes inclinent à leur ruine, *inclinata sunt regna;* où les mains tombent à tous les habitants de la terre, par l'abattement et l'effroi, *manus populi terræ conturbabuntur;* où, enfin, les âmes les plus fermes, frappées du spectacle accablant des maux publics et privés, ont peine à se défendre des plus sinistres pressentiments !

Et cependant, une voix a toujours crié à travers les siècles, qu'il ne faut jamais désespérer du genre humain ni de son avenir, parce que le genre humain passe et se renouvelle sans cesse, et peut chaque jour arriver à un renouvellement heureux.

Il ne faut pas même désespérer d'une nation : quels que soient ses malheurs, il y a toujours pour elle une admirable ressource qui peut suffire à la régénérer, malgré ses égarements et ses fautes. Que lui faut-il? Une seule chose : qu'elle se laisse élever !

C'est par là que *Dieu a fait les nations guérissables,* dit la Sagesse éternelle (1) : la forte Éducation des générations naissantes peut toujours puissamment contribuer à tout relever, à tout sauver.

______

(1) *Sanabiles fecit nationes orbis terrarum.* (SAP.)

à une hauteur singulière. C'est ainsi, pour en offrir encore quelques exemples, c'est ainsi qu'elle dit d'un grand magistrat qu'il est l'*homme des lois*, pour signifier qu'il en est l'interprète et le vengeur ; c'est ainsi qu'elle disait autrefois que le roi est l'*homme des peuples*, pour faire entendre qu'il en est le protecteur et le père.

Le nom de l'homme a été élevé plus haut encore ; on a dit : l'*homme de la Providence*, l'*homme de Dieu*. Rien n'est plus grand ici-bas.

L'homme de génie lui-même n'est grand, n'est utile, que quand il est à la fois un homme de bien et un homme de sens. Et alors il apparaît sur la terre comme l'*homme de la Providence ;* il devient un des plus signalés bienfaits du ciel ; et si le caractère et la vertu s'élèvent en lui jusqu'à la sainteté, on le nomme quelquefois l'*homme de Dieu*.

On a même entendu sur la terre quelque chose de plus extraordinaire encore : il s'est rencontré que dans la plénitude des temps les hommes ont pu dire : l'Homme-Dieu.

Ces diverses et étonnantes acceptions d'un nom si commun, montrent évidemment qu'il y a dans ce nom un sens caché et digne d'être profondément médité.

L'histoire des peuples et la révélation divine jettent sur tout ceci une vive lumière.

Que cherchent les peuples quand ils craignent quelque grand désastre ? Ils cherchent un homme qui les en préserve.
Quand les nations périssent dans les convulsions de l'anarchie, ou tombent dans cet affaissement léthargique qui est le sommeil précurseur de la mort, en périssant, elles ne savent redire que la parole évangélique : Un homme nous manque ! nous n'avons pas d'homme ! Hominem non habeo (1) !

Quand elles ont besoin d'un vengeur, du milieu même des ruines de la patrie et de ses cendres fumantes, elles invoquent l'homme qui les vengera, et s'écrient :

Exoriare aliquis nostris ex ossibus ultor !

Un Hébreu, fatigué de l'impuissance de la loi et de la stérilité du sacerdoce mosaïque, s'écriait autrefois :

Exurgat alius sacerdos (2) !

Presque toujours les hommes attendent un homme, cherchent un homme : un homme, devant lequel l'envie et toutes les basses passions se taisent :

(1) Joan., 5, 7.
(2) Paul, *ad Heb.*, 7, 15.

> . . . . . SI FORTE VIRUM QUEM
> CONSPEXERE, SILENT. . . . .

Un homme qui soit pour les autres hommes l'homme de l'espérance, l'homme du salut, l'homme de la Providence.

Au commencement de ce siècle, le premier Consul répondit à ce vœu, à ce cri de la France.

Aujourd'hui encore, en France, que cherche-t-on? qu'attend-on? Un homme !

Quelquefois il n'en faut qu'un, et plusieurs qui se présenteraient seraient un malheur. Aujourd'hui, qui ne le sent, qui ne le dit? il faut un homme à la France. Malheureusement il s'en présente plusieurs. S'il n'y en avait qu'un, la France serait peut-être déjà sauvée ! Que faire ?

Prier, afin que Dieu rende possible celui qui est nécessaire.

Heureux les peuples desquels on peut redire la parole de l'Evangile : *Fuit* HOMO *missus à Deo* : *Il y eut un jour pour eux un* HOMME *envoyé de Dieu* (3) !

Mais je suis élevé ici à des pensées plus hautes, et les doctrines évangéliques éclairent admirablement ce que je médite en ce moment.

L'homme est le grand moyen employé par Dieu pour sauver l'homme. Une telle mission est sans contredit la plus grande gloire que Dieu puisse donner à un homme ici-bas.

Cette gloire est presque toujours douloureuse, sanglante. On ne sauve les hommes qu'en se dévouant et quelquefois en mourant pour eux.

Le plus souvent ils ne veulent pas être sauvés : alors, il faut les sauver malgré eux, et mourir pour eux et par eux.

C'est alors je ne sais quoi d'incomparable et d'achevé que les grandes infortunes ajoutent aux grandes vertus.

Dieu a trouvé cela si glorieux, qu'il en a réservé la gloire à son Fils.

J'ai dit que Dieu sauve l'humanité par l'homme : et il est à remarquer ici que quand Dieu voulut lui-même travailler à notre salut et nous sauver, il se fit Homme : HOMO FACTUS EST !

Quand le Verbe devint l'HOMME-DIEU, le monde fut sauvé.

La date romaine abolie révéla la présence et l'ère du Dieu fait Homme.

---

(1) Tels furent Judas Machabée, à Jérusalem ; Constantin, vainqueur par la Croix, aux portes de Rome ; saint Léon-le-Grand, devant Attila ; saint Pie V, à Lépante ; Jean Sobieski, sous les murs de Vienne ; Jeanne d'Arc, à Orléans.

L'homme de l'Empire romain s'effaça, et dit, en en montrant un autre : ECCE HOMO! VOICI L'HOMME!

L'homme de la loi et de l'antique prophétie s'était effacé déjà en sa présence. Le Précurseur lui-même, quoiqu'il fût un homme envoyé de Dieu, ne parut envoyé que pour montrer aux autres hommes l'HOMME par excellence et tomber le premier à ses pieds. *Il y en a un au milieu de vous*, disait-il aux Juifs, *que vous ne connaissez pas! Medius vestrum stetit quem vos nescitis. — Il faut qu'il croisse et que je diminue*, ajoutait-il. *Illum oportet crescere, me autem minui.*

Voilà les paroles qui firent de Jean-Baptiste le plus grand des enfants des hommes. Sa gloire immortelle est d'avoir été le précurseur de celui qui devait tout sauver.

Celui qui devait tout sauver, c'était l'Homme attendu, promis, figuré pendant quarante siècles. C'était l'Homme dont Moïse, le plus grand homme des temps antiques, s'écriait au désert : *Mitte quem missurus es! Envoie, Seigneur, celui que tu dois envoyer!*

LE SAINT QUE TU PROMIS ET QUE NOUS ATTENDONS! disaient tous les anciens justes.

Les patriarches mouraient en souhaitant de le voir ; les pères apprenaient à leurs fils à l'espérer ; les prophètes chantaient sa venue : *Cieux*, disaient-ils, *répandez votre rosée! que la terre s'entr'ouvre et qu'elle germe son Sauveur!*

Ce fut Jésus-Christ! et il montra accompli en lui-même, aux dépens de sa propre vie, cette grande vérité : que pour être l'Homme de Dieu et l'Homme des peuples, que pour être un Sauveur, il faut se dévouer, souffrir, mourir.

Le nom qui lui fut donné par les prophètes et par les anges disait sa destinée. Les prophètes le nommèrent l'*Attente et le Désiré des nations*, en même temps que l'*Homme des douleurs*, VIRUM DOLORUM, et les anges le nommèrent *Jésus*, c'est-à-dire SAUVEUR.

Être attendu, providentiellement espéré ; être le besoin et le vœu des peuples, et répondre à ce besoin, à ce vœu par un dévouement qui va jusqu'à la mort : rien n'est plus grand dans les destinées humaines. Et c'est un trait incomparable de grandeur pour le Christianisme, que les chrétiens adorent un Sauveur incontestablement attendu pendant quarante siècles et mort sur une croix pour racheter l'humanité.

Voilà les lumières que l'Evangile jette sur le sujet qui nous occupe ; et si nous descendons maintenant de ces hauteurs, nous trouverons encore bien des vérités importantes à méditer.

Il en est une que je veux remarquer d'abord : c'est que quand l'*homme* de la Providence est donné, les *hommes* surgissent autour de lui.

Nous en avons eu chez nous un mémorable exemple : quand le premier Consul répondit au vœu universel, et devint l'*homme* de la France, ce fut un beau spectacle de voir comment il rassembla autour de lui, éleva, multiplia les hommes pour la grande œuvre de régénération sociale.

Tout fut un moment sauvé ; et s'il n'était pas devenu l'homme de l'ambition et de l'orgueil, s'il fût demeuré toujours l'homme du bon sens et de la sagesse providentielle , la France , aujourd'hui, serait assurément plus heureuse , plus forte , plus puissante que nous ne la voyons.

Ces hommes de la Providence , quand ils sont fidèles à leur glorieuse mission , dominent leur temps, font leur siècle, impriment un mouvement à l'humanité tout entière et laissent la trace immortelle et bénie de leur passage sur la terre : témoins les siècles d'un saint Louis, d'un Charlemagne !

Et cela sans charlatanisme , sans le mensonge des phrases, sans l'orgueil de la tyrannie.

Saint Paul n'a pas proclamé son siècle le siècle des lumières , et il a illuminé le monde.

Saint Vincent de Paul n'a pas proclamé son siècle le siècle de la philanthropie , et il a été le grand consolateur de l'humanité souffrante.

Non-seulement ces hommes dominent leur siècle, mais ils sauvent leur siècle ; ils élèvent leur siècle ; ils créent leur siècle.

Voilà les hommes qu'il faut demander au Ciel. Notre orgueil a beau s'agiter, s'irriter ; nous ne serons sauvés que par des hommes envoyés de Dieu pour nous sauver.

Quant à nous , quels sont les hommes que nous devons chercher à former par l'Éducation et préparer, s'il se peut, à la mission du Ciel ? — car, on le comprend, ces *hommes de la Providence*, ces *hommes de Dieu*, dans le sens le plus élevé du mot , l'Éducation ne suffit point à les faire ; elle les prépare , et c'est Dieu seul qui les fait et qui les envoie.

Ceux donc que nous devons chercher à former, ce sont les hommes de bien, les hommes de sens , les hommes de tête , les hommes de foi, les hommes d'honneur et de courage, les hommes même de génie, s'il est possible : en un mot , les hommes capables de devenir, au besoin, les *hommes de Dieu* , les *hommes de la Providence*.

Je répète ma question : Où en sommes-nous à cet égard, et où sont parmi nous les hommes ?

Qu'avons-nous sur quoi nous puissions compter ?

Hélas ! non-seulement, comme dit un prophète, tous les cœurs sont malades de tristesse : *omne cor mœrens ;* mais les plus fortes têtes s'abattent et languissent : *omne caput languidum.* La prudence humaine est à bout; la plus haute sagesse, déconcertée; les habiles de la terre sont manifestement en détresse; les hommes les plus forts proclament eux-mêmes leur faiblesse.

Tous, nous sommes condamnés à redire la douloureuse plainte de l'évêque d'Hippone : LEVONS NOS TÊTES ET PORTONS NOS REGARDS VERS CELUI DONT LE RÈGNE NE CHANCELLE NI NE FINIT ; CAR JE NE VOIS SUR LE CONTINENT NI HOMME , NI ASSEMBLÉE CAPABLE DE SAUVER L'EMPIRE.

Nous avons fait bien des révolutions.

La dernière, celle du 24 février, a mis en mouvement tout un peuple. Jamais il n'y eut un plus grand pêle-mêle d'hommes , jamais on ne vit une agitation plus gigantesque.

Dans les plus humbles villages, comme dans les plus grandes cités, depuis les plus pauvres ouvriers jusqu'aux princes , tous ont été convoqués, tous ont pu et dû apparaître au grand jour. Chose étrange! de tout ce mouvement, il n'est pas né, il n'est pas resté un homme. Plusieurs même y sont morts dans le mépris, qu'on croyait des hommes. Et la France cherche , attend toujours ceux qui lui manquent!

Sans doute, il y a des hommes qui nous retiennent au penchant des abîmes; et nous devons en bénir Dieu ! mais ce sont les hommes des temps qui ont précédé : hommes politiques, hommes religieux , chefs militaires, magistrats : on trouve en eux une haute intelligence, une rare intrépidité , un admirable dévouement à la chose publique; mais ce sont ces hommes-là eux-mêmes qui se plaignent que les hommes manquent autour d'eux, qui comprennent l'immensité des besoins et déclarent leur propre insuffisance. En présence de tant d'œuvres qu'ils ne peuvent accomplir, de tant de maux auxquels ils ne peuvent porter remède, nul ne s'écrie plus haut qu'eux : *Les hommes manquent!*

En effet, presque partout les hommes sont inférieurs à leur position; presque partout on voit au premier rang des hommes de second ordre, qui seraient des hommes distingués, très-utiles et même supérieurs dans des fonctions moins hautes que celles où le malheur et l'indigence des temps les condamnent à agir et à n'être que médiocres; en un mot, presque partout manque l'homme des grandes choses : l'homme de Dieu , l'homme de l'œuvre, l'homme de la Providence !

De tels hommes, sans aucun doute, je l'ai dit déjà, c'est Dieu qui les fait et qui les donne. Eh bien ! depuis long-temps Dieu n'en donne pas, ou s'il les fait et les donne, l'Education les défait : l'épouvantable état de société où nous sommes et le temps mortel où nous vivons les corrompt ou les étouffe; et la malédiction de Dieu a précipité, sous nos yeux, l'orgueil de ceux en qui on espérait le plus !

Sans doute, ici nul n'est de meilleure condition que ses frères, et tous doivent s'accuser et gémir.

Sans doute encore, il y a aujourd'hui du zèle, de la bonne volonté et même un ardent désir de faire de grandes choses ; on ne peut le méconnaître : mais tout cela, il le faut avouer aussi, se révèle avec un caractère d'orgueil, d'égoïsme et de faiblesse misérable.

Quand Dieu voulut faire le xviie siècle et sauver la France, il répandit un souffle de vie sur une multitude d'hommes, laïcs et ecclésiastiques, mais tous chrétiens, humbles et forts, auxquels il donna, avec la résolution d'une sainteté décidée, un goût d'abnégation, un bon sens des affaires, un courage enfin et une tenue des grandes choses, dont nous sommes singulièrement dépourvus; et puis, pour tout dire, ils firent de grandes choses, parce qu'ils ne songèrent pas ambitieusement à les faire.

Ils sentaient bien, sans doute, qu'il se préparait quelque chose de grand dans ce siècle; mais ils ne le célébraient pas fastueusement : ils auraient craint de se célébrer eux-mêmes.

Pas un des grands hommes du xviie siècle n'a dit : Le dix-septième siècle!

Le xviie siècle n'a été nommé qu'après eux : et nous, nés d'hier, nous avons glorifié déjà notre xixe siècle! Nous l'avons proclamé le siècle des progrès!!! Sa marche se précipite, il est vrai; il a des pieds de fer et des ailes de feu; mais la terre tremble et fuit sous ses pas, et il achèvera peut-être sa course avant d'avoir atteint la fermeté de l'âge mûr!

Il y a bien parmi nous ce que l'on nomme les hommes de parti. Mais qu'est-ce à dire? et qu'en peut attendre la France?

Hommes de parti : c'est-à-dire, hommes qui ne seraient rien, s'ils n'étaient au service d'un parti; hommes dont les passions, les intérêts du jour vantent, exagèrent, grandissent outre mesure le mérite pour le besoin des partis!

Sans doute, il y a des partis honnêtes, des partis nécessaires en des temps malheureux.

Mais l'homme qui sauve son pays n'est plus un homme de parti; il s'en dégage, il les domine de toute la hauteur de son dévouement, de son génie et de sa mission, et il les rallie!

Là est la véritable force, là est la véritable gloire !

Quant aux hommes de parti, que sont-ils? que peuvent-ils?

Ils ont quelquefois dans le caractère ou dans l'esprit telle qualité ou tel défaut; ou bien ils doivent au hasard des circonstances telle position qui les fait exalter par tous ceux dont c'est l'intérêt du moment.

Alors on exagère tout en eux; ils ne font rien, ils ne publient rien qui ne soit admirable ; ils sont le drapeau du jour ; bon gré, mal gré, on en soutient l'honneur. Il y a en leur faveur une sorte de gageure ; il faut aller jusqu'au bout.

Le parti le sait bien lui-même , et les habiles le disent tout bas, en attendant l'heure de le proclamer tout haut.

Depuis soixante années , combien n'avons-nous pas eu de ces célébrités mensongères ! de ces faux grands hommes !

Combien d'hommes, de peu ou de rien, qui ont été tout à un jour donné : et puis qui, le lendemain, se sont évanouis dans leur néant ! dont le souvenir s'est tellement effacé, qu'on est quelquefois tout étonné du silence qui s'est fait autour d'eux, et tout surpris d'entendre même prononcer leur nom et de savoir qu'ils vivent encore, tant on n'en entendait plus parler !

Voilà les hommes que nous avons eus !

Mais des hommes autour desquels on se rallie, des hommes devant lesquels la jalousie tombe, des hommes que les passions respectent ;

Il n'y en a pas : ou, s'il y en a, la Providence ne les adopte point : l'AVÈNEMENT leur manque : ou bien ils manquent eux-mêmes à la Providence et ne répondent pas à son appel.

Que sais-je ? Il y a peut-être en eux quelque chose que j'ignore, que le monde ne sait pas, mais que Dieu sait, et qui fait que Dieu ne les a pas adoptés , et qu'ils ne deviennent point les hommes de Dieu pour le salut du monde !

Quelquefois ce ne sont que des défauts, négligés ou flattés , qui ont ces grandes et lamentables conséquences.

Il y a peut-être parmi nous tel homme qu'un seul défaut empêche d'être l'homme de la Providence.

Qu'il me soit permis de le dire : quand on est revêtu d'une autorité quelconque ici-bas ; quand on a reçu de Dieu les dons élevés de la position sociale, du caractère ou du génie , on ne se respecte jamais assez soi-même !

Ce sont les plus petits défauts qui diminuent et défont les plus grands hommes (1).

Parmi les défauts moins graves en apparence, il en est un ,

(1) Fénelon écrivait pour le duc de Bourgogne : « Surtout soyez en « garde contre votre humeur : c'est un ennemi que vous porterez partout « avec vous jusques à la mort ; il entrera dans vos conseils, et vous « trahira, si vous l'écoutez. L'humeur fait perdre les occasions les plus « importantes ; elle donne des inclinations et des aversions d'enfant, au « préjudice des plus grands intérêts ; elle fait décider les plus grandes « affaires par les plus petites raisons ; elle obscurcit tous les talents, « rabaisse le courage, rend un homme inégal, faible, vil et insuppor-« table. Défiez-vous de cet ennemi. »

que Fénelon reprochait aux princes, et qui, souvent inaperçu et par là même excusable, est cependant d'une gravité extrême chez les hommes publics, chez les hommes d'État, et se rencontre aujourd'hui très-fréquemment, même dans les hommes de bien. C'est d'être trop PARTICULIER : de songer trop à soi-même.

Oui, aujourd'hui les hommes de bien sont particuliers et songent trop à eux.

C'est une faiblesse devenue générale : elle est le grand malheur du temps où nous vivons, et ce temps, hélas ! est lui-même l'excuse de cette faiblesse.

Il y a eu, dans notre triste pays, tant de renversements et de désastres, que chacun effrayé se retire chez soi, dans ses intérêts privés ; s'y cantonne, en quelque sorte, et s'applique exclusivement à les sauver.

Et cependant que devient l'intérêt, le salut public ? qui y songe courageusement ? qui s'y dévoue sans réserve ? dans son dévouement, qui ne se cherche encore soi-même ?

Tout demeure isolé ; tout demeure PARTICULIER ; et par là tout est faible.

On le disait naguère : les méchants s'entendent pour le mal. — On ne peut trouver deux hommes vertueux qui s'entendent constamment pour le bien.

Cela est vrai, même parmi les plus dévoués.

On veut le bien ; on se dévoue à le faire, pourvu qu'on y travaille seul.

Mais s'oublier soi-même, faire le bien à plusieurs, se dévouer de concert à de grandes choses, avec l'accord et la responsabilité mutuelle du dévouement commun, rien n'est plus rare (1).

Triste temps, que celui où on ne peut trouver deux honnêtes gens qui veuillent travailler ensemble à une même œuvre !

---

(1) Pourquoi, dans l'Église elle-même, dans la société spirituelle, les prêtres, les bons prêtres, se décident-ils avec tant de peine à la vie commune qui décuplerait les forces du clergé, et serait le plus grand moyen pour faire puissamment le bien dans les paroisses et dans toutes les bonnes œuvres ? pourquoi cette vie commune, malgré tous ses avantages et toutes les facilités qu'elle donne, et qu'on n'a pas quand on est seul, pourquoi est-elle si rare ? C'est que, dans la vie de communauté, il faut vivre ensemble, faire le bien ensemble, s'oublier soi-même, songer souvent aux autres, se supporter les uns les autres. Pourquoi l'Éducation de la jeunesse est-elle une œuvre si difficile ? Parce qu'elle est essentiellement une œuvre à plusieurs. Pourquoi voit-on partout les œuvres les plus importantes, les catéchismes, par exemple, partagés, divisés, fractionnés, c'est-à-dire, affaiblis, diminués, et quelquefois si misérables ? C'est qu'on aime mieux être seul et faible, que d'être avec un autre le second et fort.

Que celui où toutes les plus petites raisons empêchent toutes les plus grandes choses !

Que celui où les intérêts et les hommes *particuliers* dominent et absorbent les intérêts et les hommes publics !

Certes, je ne veux pas être injuste envers mon temps et envers mon pays ; je le reconnais : aujourd'hui encore, il y a beaucoup d'hommes qui ont reçu de Dieu tout ce qu'il faut pour être utiles et rendre de grands services ; mais chacun a son excuse, son prétexte ou sa raison.

J'irai plus loin : depuis cinquante années, il y a eu parmi nous des hommes que les dons de la nature et une haute Education intellectuelle avaient faits des hommes de génie. Cela est vrai : mais une mauvaise Education morale en a fait des hommes pleins d'une personnalité orgueilleuse ; l'orgueil a renversé le génie, et leur ruine a été effroyable.

Et, en fin de compte, partout ce sont les hommes qui font défaut : et voilà pourquoi presque toutes les œuvres religieuses ou sociales manquent de l'homme qu'il leur faudrait : j'en citerai un exemple.

Une loi pour l'enseignement a été obtenue : plusieurs ont craint que la loi ne suffît pas, et ont fait même, à cette occasion, plus de bruit qu'il ne convenait peut-être.

D'autres ont dit : La loi suffira, mais les hommes ne suffiront point.

Les hommes manqueront pour mettre à profit cette loi et la liberté qu'elle donne.

Qui a bien jugé ?

L'expérience décide en ce moment. A l'heure où je parle, s'il y avait des hommes, la France serait couverte de maisons d'Education chrétienne, d'établissements libres, et la jeunesse française serait sauvée ; les congrégations religieuses et le clergé, au lieu d'ouvrir çà et là quelques rares colléges, dont plusieurs peut-être subsisteront avec bien de la peine, auraient, par le bienfait de cette loi, répondu à tous les vœux des familles catholiques, et ouvert les cent colléges qui nous manquent.

Mais, hélas ! il faut l'avouer : nous sommes dans un cercle vicieux : l'Education seule pourrait former les hommes qui nous manquent, et les hommes qui nous manquent pourraient seuls nous donner l'Education qu'il nous faut !

On ne sortira de ce cercle vicieux que par un prodigieux effort d'intelligence, de dévouement et de courage !

C'est ce qu'on a fait au commencement du xvii° siècle. La situation n'était guère meilleure.

Mais, qu'on y prenne garde : ce ne sont pas des hommes médiocres qui ont fait et élevé le xvii° siècle : c'est un saint Vincent de Paul, un Richelieu, un cardinal de Berulle, un Olier, et tous ces grands instituteurs de la jeunesse séculière et cléricale, dont l'intelligence, le dévouement et l'énergie passèrent de loin tout ce que notre temps peut imaginer.

Le règne de Louis XIII fut admirable pour ceux qui savent regarder de près : le roi manquait, mais il y avait un homme : cet homme, dont Fénelon, malgré ses inclinations contraires, a dit depuis :

« Armand, cardinal de Richelieu, changeait alors la face de « l'Europe, et, recueillant les débris de nos guerres civiles, po- « sait les vrais fondements d'une puissance supérieure à toutes « les autres.

« Né pour connaître les hommes et pour les employer selon « leurs talents, il les attachait par le cœur à sa personne et à « ses desseins pour l'Etat.

« Aussi, le temps qui efface les autres noms fait croître le « sien; et à mesure qu'il s'éloigne de nous, il est mieux dans « son point de vue. »

Les troubles du XVIe siècle et les grandes leçons du malheur avaient décidé le XVIIe à fortement élever sa jeunesse; Richelieu y contribua plus puissamment que pesonne, et c'est par là surtout qu'il prépara la grandeur du règne suivant.

Si l'Eglise n'a pas sauvé l'empire romain, c'est que l'empire n'a pas voulu se laisser élever par elle. Les barbares sont devenus la société européenne, parce qu'ils se sont laissé élever par l'Eglise.

On a dit en Europe : les rois s'en vont. Je dirai : les nations européennes aussi, si elles négligent long-temps encore l'Education de la jeunesse.

Sans doute, comme je le disais plus haut, il ne faut pas désespérer des nations. Dieu les a faites guérissables; mais il faut qu'elles veuillent être guéries; autrement elles ne sont pas plus immortelles que les hommes.

Voyez toutes les petites républiques de l'Amérique méridionale. Quelles agitations! quelles faiblesses! quels abaissements! quelle anarchie sociale!

Toutes ces républiques n'existent pas encore, on le peut dire; elles n'existeront peut-être jamais. Pourquoi? les hommes leur manquent. Elle n'ont pas encore trouvé un homme. Ceux dont les noms arrivent jusqu'à nous, évidemment ne sont pas des hommes.

Elles vivent au jour le jour, ou plutôt elles se meurent, chaque jour, à force de révolutions.

La France, l'Europe en viendront-elles à cette triste fin?

N'y a-t-il aucune nation, dans le monde civilisé, dont on ne puisse dire : C'est une nation qui s'en va !

Je l'ignore : mais on ne peut s'empêcher de reconnaître tout ce qu'il y a de vrai dans cette parole du chancelier Oxenstiern, à son fils partant pour visiter les grandes capitales de l'Europe : « Allez voir, mon fils, avec quelle petite dose de sagesse le « monde est gouverné ! »

Que pouvons-nous dire de nous-mêmes ?

Je n'en dirai qu'une chose incontestable :

Ce libertinage d'esprit qui s'appelle la liberté de la presse, enlève, chaque matin, à la société française, sa force intellectuelle et morale. Ecrivains et lecteurs s'y épuisent également.

Certes, ce ne fut pas le journalisme, qui forma, qui inspira, qui gouverna ces hommes, ces prêtres, ces religieux, ces instituteurs de la jeunesse, si grands et si forts au commencement du XVIIe siècle !

On l'a dit encore, et cela est vrai : la liberté de la presse est l'asservissement des esprits : c'est une violence tyrannique exercée sur les intelligences faibles.

La société temporelle y a succombé. La société spirituelle elle-même en souffre. Elle en souffrira plus profondément, encore si elle n'y prend garde.

Quoi qu'il en soit, espérons que Dieu ne donne à la France de si fortes leçons que parce qu'il veut lui donner la sagesse, lui apprendre à réparer par elle-même les maux qu'elle a faits aux peuples ! et à l'aide des hommes d'intelligence et de cœur, des hommes de conscience et de foi que l'Éducation élèvera pour elle, la faire marcher encore fille aînée de l'Eglise et reine du monde civilisé !

Après toutes ces considérations, on ne trouvera pas étonnant, je pense, qu'un Évêque, dont la vie presque entière s'est passée à élever la jeunesse, qui a consacré à cette grande œuvre de laborieuses études et un long dévouement, vienne aujourd'hui entretenir ses contemporains de l'Education, c'est-à-dire du grand art de faire les hommes.

Il m'a semblé trop triste de désespérer d'un pays dont l'intelligence est naturellement si belle, le cœur si haut, les instincts si généreux, et le bon sens toujours supérieur à ses légèretés. Sans doute, le peuple français peut se laisser éblouir, égarer ; mais il sait revenir à la raison par ses égarements mêmes ; et une grande et forte Education peut lui rendre encore ce sens ferme et élevé, ce sens chrétien, qui en a fait le premier peuple du monde, et qui lui fera retrouver encore son antique prospérité dans ses premières vertus.

Que chacun donc, ô noble peuple, t'offre son secours et te paie, en passant, sa dette; pour moi, je voudrais acquitter la mienne en t'offrant, dans cet humble essai, les souvenirs de mon dévouement et de mon expérience. La génération présente est la source des générations futures : préparons-la, s'il est possible, de manière à léguer à l'avenir des espérances meilleures que le présent!

Ce livre, si on peut lui donner ce nom, s'est trouvé fait, je le dois avouer en finissant, sans que j'eusse songé à le faire. La rapidité du temps, des occupations trop multipliées, une infirmité douloureuse, ne m'auraient laissé ni le loisir ni la force de faire un livre. Aussi, ce ne sont que de simples souvenirs, et des pensées qui m'occupèrent long-temps, quand je vivais avec la jeunesse. Ces pensées, que je recueillais alors seulement pour quelques-uns, on m'a pressé de les offrir aujourd'hui à tous. J'y ai consenti trop facilement peut-être; mais la jeunesse, après avoir été la sollicitude et l'affection de ma vie entière, n'a pas cessé de m'être chère : je sens que mon cœur, malgré les années, ne vieillit point pour elle. Elle est le dernier espoir de la Religion et de la Patrie : à ce titre, elle a un attrait et un charme irrésistible pour quiconque aime l'une et l'autre; et j'ai cédé à l'espérance de la servir encore, en lui offrant publiquement aujourd'hui des leçons et des conseils, que j'aimais autrefois à lui communiquer en famille.

Tel est le sujet de ces pages, que je dédie à la jeunesse de mon pays, à tous ceux qui se consacrent à l'œuvre de l'Education parmi nous, à mon pays lui-même. Je ne donne, d'ailleurs, ici aucune autre raison de cet ouvrage que son but et son titre : j'espère qu'il s'expliquera de lui-même. Puisse-t-il être utile! c'est mon seul vœu, et si ce vœu est exaucé, j'en bénirai le Dieu Auteur de tout bien.

I.

DE L'ÉDUCATION ET DE L'INSTRUCTION:

QU'IL NE FAUT PAS SACRIFIER L'ÉDUCATION A L'INSTRUCTION.

(CHAPITRE V^e DU IIIe LIVRE.)

struction; sa valeur est si grande, son action si forte, ses détails si importants, que j'ai cru devoir y consacrer un volume entier, dans lequel j'essaie de dire comment elle est et doit être le moyen de l'Éducation intellectuelle, et dans lequel aussi je déplore les tristes abaissements que l'Instruction subit en France depuis cinquante années.

Tel n'est pas, sans doute, mon dessein en ce moment : ce livre n'y suffirait pas. Ici, je viens traiter un autre côté de la question. Je veux examiner comment l'*Instruction* parmi nous est devenue un *moyen* auquel souvent on sacrifie tout, l'Éducation morale et religieuse, et l'Éducation intellectuelle elle-même. Je veux examiner comment et pourquoi on a mis l'Instruction au-dessus de tout et avant tout.

Pour l'Instruction, premièrement : l'*Éducation morale et religieuse* est entièrement négligée !

Secondement : bien plus, l'*Éducation intellectuelle* elle-même est le plus souvent manquée. — Ce que j'avance ici étonnera peut-être : la démonstration, toutefois, en est facile à faire, et je commence par là.

Dans l'*Instruction* même, qu'on le remarque bien, il y a deux choses très-distinctes :

Les connaissances ;

Et le *développement d'esprit*, qui peut et doit s'acquérir par l'étude, par l'exercice des facultés intellectuelles, par les connaissances elles-mêmes.

L'*Instruction*, si elle est mal donnée, mal reçue, peut souvent ne transmettre que les *connaissances*, sans développer l'esprit, sans élever, sans fortifier les facultés à cette occasion.

L'*Instruction* peut placer, déposer, entasser les connaissances dans l'entendement comme dans un magasin, en garnir la mémoire comme de provisions : sans doute, avec un certain développement passif que ces connaissances amoncelées entraînent naturellement avec elles, mais aussi sans donner à l'esprit la vigueur, l'action, la vivacité dont il a besoin. En un mot, les connaissances ne constituent pas toujours le développement généreux, la force active, la souplesse énergique des facultés. On peut être instruit, très-savant même, sans avoir la vigueur, la fécondité, l'élévation de l'intelligence.

Il faut qu'à l'*Instruction* scientifique et littéraire l'in-

veloppent, c'est-à-dire à l'aide de l'instruction que se fait l'Éducation de l'intelligence; mais l'*Instruction littéraire et scientifique* réduite à elle-même pourrait se borner à instruire l'esprit sans l'élever, à le charger de connaissances sans le rendre fort.

C'est l'*Éducation* intellectuelle qui lui fait recevoir et digérer les connaissances de manière à ce qu'elles le nourrissent, l'élèvent, le fortifient;

C'est l'*Éducation intellectuelle* seule qui le cultive avec soin, l'exerce avec sagesse, le développe, le forme et l'élève encore plus qu'elle ne le remplit;

C'est l'*Éducation intellectuelle* qui fait pour lui de l'Instruction comme un aliment substantiel, dont il tire et recueille les sucs qui, se transformant en lui, le font croître et grandir, deviennent sa nourriture et son sang.

C'est alors que l'*Instruction* est vraiment l'*Éducation intellectuelle*, c'est alors qu'elle élève, EDUCAT : c'est alors qu'elle devient *Esprit et Vie*.

Jusque-là elle n'est que l'*Instruction* proprement dite : elle munit, elle pourvoit, elle instruit, INSTRUIT, rien de plus.

Quoique ce soit principalement à l'aide de l'*Instruction proprement dite* que se fasse l'*Éducation* de l'esprit, le langage, cependant, qu'on veuille bien de nouveau le remarquer, ne confond pas ces deux choses, et qui dit *instruire*, ne dit pas *élever*.

Il y a des gens *très-instruits* et qu'on trouve, avec raison, *fort mal élevés*, à ne parler même que de l'*Éducation de l'esprit*.

Un savant, par exemple, qui sait une multitude de choses, mais qui est d'ailleurs sans jugement, sans goût, sans aisance pour s'exprimer, sans facilité pour se faire comprendre aux autres, et quelquefois pour se bien comprendre lui-même, sans tact pour se conduire, est un homme *très-instruit* et *fort mal élevé,* même intellectuellement parlant (1).

C'est ce qui faisait dire à Platon : « *L'ignorance absolue* « *n'est pas le plus grand des maux ni le plus à redouter,* « BEAUCOUP DE CONNAISSANCES MAL DIGÉRÉES *est quelque* « *chose de bien pis.* » (PLATON, *Lois,* l. VII, t. 8, p. 75.)

Bossuet disait dans la même pensée : « Notre soin prin- « cipal a été qu'on lui donnât à propos et chaque chose « en son temps, afin qu'il les digérât plus aisément et « qu'elles se tournassent en nourriture. » *(De l'Éducation du Dauphin.)*

___

(1) Le célèbre P. Hardouin, qui a fait une précieuse collection des Conciles, mais qui prétendait, entre autres choses, que tous les ouvrages que nous avons sous le nom des grands hommes du siècle d'Auguste avaient été composés, ou au moins refaits, par des moines du moyen-âge, était de ce nombre.

Voici l'épitaphe que lui fit un de ses confrères ; il est inutile de dire qu'elle ne fut pas mise sur sa tombe :

In expectatione judicii,
Hic jacet hominum paradoxotatos,
Natione Gallus, religione jesuita,
Orbis litterati portentum.
Venerandæ antiquitatis cultor et deprædator,
Doctè febricitans,
Somnia et inaudita commenta vigilans edidit,
Scepticum piè egit,
Credulitate puer,
Audaciâ juvenis,
Deliriis senex
Verbo dicam : hic jacet HARDUINUS.

En un mot, on est *instruit* quand *on sait* beaucoup, quand on possède des connaissances; on n'est élevé, s'il est question de l'*Éducation intellectuelle*, que quand on a la raison, le goût, l'imagination, le jugement, la pensée et la parole, et s'il s'agit de l'*Éducation complète*, le caractère, la conscience, la sensibilité, le cœur formés.

Tant il est certain que l'*Instruction* n'est pas l'*Éducation*, et que si l'*Éducation* est le *but*, l'*Instruction* n'est que le *moyen !* C'est ce que tous, même ceux qui agissent en sens inverse, sentent et reconnaissent, au moins instinctivement, quand malgré l'érudition et la science, ils disent : C'est un homme mal élevé; avec tout son savoir, il ne sait pas vivre, ou bien encore, dans un langage un peu rude : Il a beau être un savant : au fond, c'est un imbécile et un pauvre homme.

Voilà la vérité.

Et cependant que fait-on de nos jours? on ne poursuit le plus souvent que l'Instruction *proprement dite.*

On prétend donner *des connaissances* : puis, que les facultés se développent ou ne se développent pas à leur occasion, que l'esprit s'élève ou non, on ne s'en inquiète guère : c'est ce qu'on abandonne aux dispositions individuelles plus ou moins heureuses, au travail ou à la paresse de chaque enfant.

Le langage même, ce miroir où se réflètent la pensée et l'opinion des peuples, accuse ce profond oubli du grand but de l'Éducation intellectuelle, qui est *le développement des facultés;* car, dans la langue française, comme nous l'avons dit, un heureux *développement* chez un jeune homme et une bonne *Éducation* sont synonymes.

Mais cette fin même qu'on se propose, l'*Instruction,* y arrive-t-on? Non, et c'est impossible.

Que peut être, en effet, l'instruction, à un âge où l'on ne sait pas encore apprendre?

Pour que l'Instruction pût être vaste et solide, il faudrait que *l'esprit eût été rendu capable d'apprendre*, c'est-à-dire, eût été préparé par une forte Éducation.

Jusque-là, l'*Instruction proprement dite* ne peut être que médiocre, et si elle ne l'est pas, si on la multiplie, si on l'exagère, elle n'instruit pas, elle charge l'esprit; elle n'élève pas les facultés, elle les ruine, elle les écrase.

En un mot, dans cette première jeunesse, les connaissances ne peuvent être qu'un *objet d'étude*, une culture, un exercice de l'esprit, et par là *un moyen de développement* et non pas une *science*.

« L'erreur de beaucoup de gens, dit sur ce point un
« homme de rare expérience, est de se méprendre sur les
« études où l'on a coutume d'appliquer la jeunesse. Le
« but prochain qu'on s'y propose n'est point précisément
« le savoir, mais l'exercice. Il ne s'agit pas tant de litté-
« rature, d'histoire, de philosophie, choses qui s'oublie-
« ront peut-être, que d'affermir l'imagination, la mémoire,
« le jugement qui demeureront. (M. Ozanam.)

A la fin de son Éducation, un jeune homme sera parfaitement élevé, intellectuellement parlant; son Éducation intellectuelle sera excellente, non pas s'il est très-instruit, mais s'il est très-capable de s'instruire.

Je dis plus : s'il est très-instruit, je suis tenté de le plaindre : il sera probablement incapable de s'instruire davantage. Il n'est pas question alors de ce qu'il sait, mais de ce qu'il peut.

Voilà uniquement à quel point de vue les études et les connaissances si bornées du premier âge ont une si grande importance.

Les *humanités* vaudraient-elles les huit ou dix ans qu’on y consacre, s’il ne fallait en retirer que les connaissances qu’elles donnent, n’y apprendre, comme on dit, que du grec et du latin?

Non, sans doute, et ce n’est parce qu’on n’a cherché que l’*Instruction proprement dite*, le grec et le latin, dans les *humanités*, qu’on en est venu à contester leur utilité, et qu’il n’y a plus aujourd’hui qu’un cri contre les études classiques. Et pouvait-il en être autrement, quand les pères de famille voyaient se réduire à cette *Instruction proprement dite* toute l’Éducation publique?

La Religion : les maîtres de la jeunesse déclaraient expressément qu’ils n’en étaient pas chargés.

La Discipline : les professeurs, on le sait, en abandonnent tout le soin aux maîtres d’étude : aussi la discipline morale est-elle profondément absente.

Le développement même des facultés intellectuelles : combien de professeurs ne s’en occupent que s’il se présente à eux tout offert par la nature, à l’occasion de leur enseignement! autrement ils ne cherchent guère à l’exciter. On sait ce que deviennent les *faibles* dans la plupart des classes. Si on s’applique à développer réellement l’esprit des forts, c’est une exploitation de l’intelligence, dont le gain sera, pour les maîtres du premier ordre, la gloire du concours ; et pour les maîtres du second ordre, l’achalandage de leur maison.

En attendant, on ne fait la plupart du temps de l’*Instruction* que comme *instruction*, et non comme moyen de haute Éducation intellectuelle et morale.

On enseigne, et voilà tout. On ne fait que du grec et du latin ! on ne fait pas, on n’élève pas, on ne forme pas les esprits, et encore moins les cœurs !

que vous gardez sur Dieu, sur l'Ame, sur les plus sacrés devoirs, parle très-haut et trop significativement contre toutes ces grandes et saintes choses?

Hélas! il le faut avouer avec confusion et douleur, voilà où nous en sommes depuis cinquante années!

Cette Éducation, qui consiste dans la formation du caractère; cette Éducation, qui fait germer au cœur de l'enfant les inclinations vertueuses propres à assurer le repos et l'innocence de la vie; cette Éducation, qui éclaire la conscience de lumières certaines, ayant pour elles l'autorité des siècles; cette Éducation, qui fortifie l'enfant et le jeune homme contre le danger de sensations nouvelles et dangereuses, par la force des impressions premières de la vertu; cette partie même de l'Éducation; qui fait des connaissances un moyen d'étendre l'esprit, d'affermir le jugement, et de fortifier la raison : en deux mots, l'*Éducation morale*, et même le haut *Développement intellectuel*, sont laissés dans un déplorable oubli. L'*Instruction sèche*, décharnée, matérielle, l'Instruction sans cœur, sans âme, sans conscience, et quelquefois même l'Instruction sans intelligence, voilà le grand bien qu'on poursuit et qu'on nous vante.

Un Ministre de l'Instruction publique, dans un rapport qui fut présenté au roi et au pays, il y a peu d'années, et qui a gardé toute l'autorité d'une apologie officielle, fait un aveu bien remarquable, et qui suffirait seul pour convaincre les plus incrédules et pour justifier aussi toutes les réclamations des pères de famille.

Le Ministre déclare :

« Qu'à l'égard de l'Éducation, dans les meilleurs col-
« léges, les efforts même les plus éclairés et les plus sou-
« tenus n'ont qu'une puissance bornée : que ce n'est pas

« le collége, mais la famille qui commence l'Éducation,
« que c'est la société qui l'achève. »

Malgré ce qu'il a d'habile, certes, ce langage révèle un
mal profond : car, enfin, qu'est-ce à dire : *la famille commence l'Éducation, la société l'achève?* mais cependant où
se fait-elle, et qui est-ce qui la fait?

Elle *se commence dans la famille et s'achève dans la
société,* mais de huit ou neuf ans à dix-huit ou vingt, qui
s'en occupe?

Hélas! vous l'avouez vous-même, pendant les années
où l'enfant est au collége, où toutes ses facultés morales
et religieuses doivent se développer, où la grande œuvre
de l'Éducation doit se faire; là, *même dans les meilleurs
colléges,* les efforts les plus éclairés et les plus soutenus
n'ont qu'une puissance bornée.

L'effroyable lacune de ces dix années est ici trop manifestement découverte : il était impossible pourtant de la
mieux dissimuler sous l'enveloppe d'une phrase bien faite.
On voit, en effet, l'*Éducation qui commence, puis l'Éducation qui s'achève* : on la croit faite, elle ne l'a pas été :
elle ne pouvait pas l'être, même *dans les meilleurs colléges!*
Ainsi disparaît dans un jeu de paroles, dans une habileté
de langage, ce qu'il y a de plus important au monde,
l'Éducation!

Ainsi, chose étrange! dans un siècle et dans un pays
où l'on a voulu inaugurer pour le genre humain une ère
nouvelle, où l'on a voulu rendre à *l'homme* tous ses *droits,*
on n'a pas pensé à lui donner toute sa *valeur!* on négli-
geait de développer toute sa *puissance morale et intellectuelle,* et on l'accablait de connaissances positives! Depuis
plus de cinquante ans, c'est-à-dire depuis l'origine même

de la société actuelle, voilà où nous en sommes en fait d'Éducation !

C'est ce qui touchait l'âme d'un des membres les plus honorables de l'Université, lorsqu'il s'écriait avec un sentiment de si profonde amertume :

« Nous ne faisons pas plus *des citoyens que des dévots*
« dans nos colléges ! Que faisons-nous donc? nous ins-
« truisons, *nous n'élevons pas;* nous cultivons et déve-
« loppons l'esprit, *mais non le cœur !* » (M. Saint-Marc
Girardin.)

Après de tels faits, certes, c'est avec raison que le Ministre auquel, dans notre gouvernement, est remise cette charge si grave de présider à la formation des jeunes inielligences, ne reçoit officiellement, comme nous l'avons déjà remarqué, que le titre de *Ministre de l'Instruction publique. Instruire,* c'est évidemment là tout ce qu'on se propose; *élever,* on ne s'en occupe pas, on n'y pense plus, et peut-être, pouvons-nous dire, on n'ose plus l'entreprendre. Et pourquoi? Ah ! sans doute, l'œuvre est difficile; mais elle vaut la peine qu'on s'y applique. *Arduum, sed necessarium.* Si l'on ne fait *qu'instruire,* si l'on n'élève pas, si l'*Instruction* est tout et l'*Éducation* rien, que deviendra ce malheureux pays?

Ah! désormais, tous ensemble, tous de concert, nous aidant les uns les autres, faisons alliance dans la paix commune, pour travailler courageusement tout à la fois à l'*Instruction* et à l'*Éducation* de la jeunesse, pour ne plus jamais les séparer l'une de l'autre, pour répondre enfin aux espérances des familles, aux besoins des générations naissantes et aux vœux de la France alarmée !

LETTRES

SUR L'ÉDUCATION PARTICULIÈRE.

PREMIÈRE LETTRE.

Mon cher ami,

Au milieu de nos grandes et tristes préoccupations politiques, qui ne permettent presque plus à personne de jeter un regard sérieux sur un livre quelconque, j'admire que vous ayez eu le goût et trouvé le loisir de lire mon premier volume sur l'*Éducation* ; j'admire surtout que vous ayez lu ce livre avec un intérêt si attentif et si réfléchi, que vous ayez tout d'abord découvert l'important chapitre qui y manque, et que vous veniez aujourd'hui le réclamer de moi.

Il est vrai : je n'ai pas traité la grave et délicate question de l'*Éducation particulière* ; et ce n'est pas sans raison que vous me reprochez de n'en avoir jeté çà et là que quelques mots, et encore des mots qui vous semblent tout à la fois très-vagues et très-durs.

Ce n'est pas assurément que j'aie méconnu l'importance de cette question, mais on ne peut tout dire à la fois ; j'ai été au plus pressé : et cependant, pour un temps qui lit si légèrement, j'ai déjà fait un trop gros volume.

Que si j'ai traité des principes indépendamment de leurs applications spéciales, c'est que les principes généraux dominent les spécialités, et il fallait les établir préalablement, avant d'examiner comment ils devaient être appliqués.

D'ailleurs, depuis cent années et plus, toutes les idées fondamentales de l'Éducation, toutes les notions les plus élémentaires de l'art d'élever les hommes ont été si singulièrement altérées, que la langue même de ce grand art est devenue une langue confuse et le plus souvent inintelligible. A la lettre, bien souvent on ne sait plus ce qu'on dit quand on parle d'*Éducation*. Le bien, le mal, le vrai, le faux, tout est mêlé, confondu.

J'ai donc dû rechercher avant tout les vraies raisons des choses, rappeler les idées justes, combattre les idées fausses, signaler le mal, montrer où est le bien ; en un mot, j'ai dû exposer les principes, mais je n'ai pu tout expliquer, ni tout dire.

La place m'a manqué pour entrer dans l'examen des matières spéciales, et par conséquent, dans la grave question de l'Éducation particulière et de l'Éducation publique : tel est l'unique motif de l'ajournement que je lui ai fait subir.

Non-seulement je n'ai pas songé à la passer sous silence, je la regarde, au contraire, comme une question capitale, à ce point que je suis convaincu que bien ou mal décidée, elle peut avoir une immense influence sur les destinées d'une nation. Je ne doute pas que la France ne souffre aujourd'hui profondément de la décision qui a été prise depuis cinquante ans. Je ne doute pas que l'Italie et l'Espagne n'en aient souffert, et n'en souffrent encore aujourd'hui autant que la France. Je me propose donc de traiter un jour cette grave question, et avec tous les développements qu'elle demande. En attendant, je confierai volontiers mes pensées sur ce sujet à votre amitié et à votre sagesse.

Vous me permettrez une grande simplicité de langage, c'est la seule manière d'examiner une question pareille; du reste, je m'efforcerai de vous offrir les autorités et les raisons les plus fortes : je vous dirai ce que la pratique m'a révélé de plus certain et de plus décisif.

Puisque vous avez lu mon livre, je suppose que vous avez bien présents à l'esprit tous les grands principes de l'Éducation, les expériences qui éclairent ces principes, et particulièrement les chapitres où je traite de l'*Enfant et du Respect qui est dû à la dignité et à la liberté de sa nature*. Je n'y reviendrai donc pas.

J'ai toutefois à vous présenter, avant d'entrer en matière, une observation de la plus grande importance, et qui est ici tout-à-fait nécessaire pour bien préciser la question.

La thèse présente, quelle que doive en être la solution, n'est point une thèse absolue.

Elle ne peut être applicable ni à tous les âges, ni à toutes les natures, ni à toutes les positions.

Il est évident surtout que la question ne peut être posée entre la bonne Éducation particulière et la mauvaise Éducation publique, entre la Famille chrétienne et l'École impie.

Je suppose un bon collége où la piété et les bonnes mœurs fleurissent aussi bien que les études.

Car, on le comprend : si le collége est mauvais, si c'est une maison où, grâce à des maîtres sans foi et à des enfants sans mœurs, règnent l'indifférence irréligieuse, l'impiété et l'immoralité, il n'y a plus de question, pour moi du moins, mon cher ami, ni pour vous non plus, j'en suis sûr.

Il demeure donc bien entendu que si, — sauf de rares exceptions qui sont par là même infiniment honorables, — il résulte de mes paroles que la haute, la forte Éducation intellectuelle, religieuse et morale, celle qui fait les hommes distingués, les hommes supérieurs, est l'Éducation publique, je n'entends parler que de la bonne Éducation publique et des Colléges chrétiens.

Autrement j'aurais moi-même horreur de mes paroles et des suites qu'elles pourraient avoir.

L'Éducation particulière ou publique, les avantages et les inconvénients qui doivent porter à préférer l'une à l'autre, peuvent être envisagés sous divers points de vue :

1º Quant au développement *de l'esprit* ;

2º Quant à la formation *du caractère* ;

3º Quant à la pureté *des mœurs* ;

4º Quant *au gouvernement* même de l'Éducation, c'est-à-dire quant à *l'autorité et au respect* qui doivent y régner.

J'entre immédiatement en matière.

I.

QUANT AU DÉVELOPPEMENT DE L'ESPRIT.

Ici, les partisans de l'Éducation particulière et du précepteur privé accordent assez volontiers la prééminence à l'Éducation publique. Je ne vous redirai donc pas en détail, mon cher ami, toutes les raisons qui rendent cette prééminence incontestable : je me bornerai simplement à deux ou trois observations de fait, qui démontrent jusqu'où va l'infériorité de l'Éducation particulière, quant à l'horizon qu'elle offre à l'esprit, quant à l'ardeur du travail et à l'élan de l'émulation, et, par une conséquence nécessaire, quant à l'activité et au développement des facultés intellectuelles.

L'Éducation particulière, il le faut remarquer d'abord, est nécessairement un horizon très-rétréci, soit pour le précepteur, soit pour l'élève.

C'est là l'inconvénient qui touche de plus près au fond des choses et dont la fâcheuse influence se fait tristement sentir dans l'Éducation tout entière; mais on peut surtout affirmer que rien n'est plus funeste pour l'Éducation et le développement de l'esprit.

Afin de bien comprendre ceci, il faut bien voir la vérité de la situation.

Voilà un précepteur et un enfant : ils sont destinés à vivre constamment ensemble, chaque jour, du matin jusqu'au soir, pendant de longues années; car je prends ici l'Éducation particulière dans sa meilleure condition. Je ne suppose pas que les choses vont de telle sorte, que le précepteur, au bout de six mois, prévoit qu'il ne tardera pas à quitter la maison. Je ne suppose pas, ce qui se rencontre toutefois si souvent, qu'on le change tous les ans ou tous les deux ans, et que l'enfant en aura usé sept ou huit pendant le cours de son Éducation. Rien ne serait pire assurément : de telles Éducations n'en méritent pas le nom.

Je suppose donc que l'élève et le précepteur demeurent régulièrement pendant huit ou dix années ensemble, et je dis qu'il y a là, pendant ce long temps, pour l'un et pour l'autre, une situation tellement bornée, qu'elle rétrécira nécessairement et peut-être étouffera l'esprit de l'un et de l'autre.

En effet, pour l'élève d'abord, son précepteur est à peu près tout. L'horizon de ce pauvre enfant, les regards de son intelligence, son imagination, ses idées, ne s'étendent presque jamais au-delà de l'horizon, des idées, du langage et des vues plus ou moins étendues, mais toujours personnelles, solitaires, et par conséquent restreintes de son précepteur. On peut dire même que l'enfant demeure toujours en deçà.

Je sais bien que si le précepteur est un homme de génie, s'il est tout un monde, comme Fénelon et Bossuet, l'horizon change et s'élargit, mais la situation n'en est peut-être pas meilleure.

Et d'abord, il faut avouer que les précepteurs de cette sorte se rencontrent assez rarement; mais de plus, ils ne réussissent pas toujours. Car encore faudrait-il que ce monde, que ce génie ne se révélât à l'enfant que peu à peu et à mesure que son intelligence devient capable de le découvrir et de le comprendre!

Or, c'est ce qui arrivera difficilement, quand ce monde se trouvera tout entier dans un seul homme.

Le plus souvent alors le génie du grand homme écrasera le faible enfant.

Je n'hésite pas à penser que l'élève de Bossuet, le Dauphin, par exemple, aurait été beaucoup mieux élevé au collége de Navarre ou au collége d'Harcourt, qu'il ne le fut à Versailles par son immortel précepteur.

Veuillez ici, mon cher ami, prendre la peine de relire dans mon livre les détails que je donne sur l'Éducation du grand Dauphin, au chapitre *De l'Enfant et du Respect qui est dû à la liberté de sa nature.*

Bossuet avait beau être assisté par le duc de Montausier, par le savant Huet, depuis évêque d'Avranches, par le célèbre abbé Fleury, ou par d'autres hommes d'un égal mérite, tout cela ne fit pour le grand Dauphin que la plus médiocre Éducation.

L'enfant le plus vulgaire reçoit plus de soins intelligents et en rapport avec ses besoins, rencontre plus de précepteurs utiles, plus de gouverneurs dévoués dans l'Éducation publique, qu'un fils de roi dans l'Éducation particulière. Dans une Éducation publique bien constituée, dans un collége où rien ne manque, un enfant a trente instituteurs et trois cents condisciples, qui tous s'occupent de lui et concourent à son Éducation, sans que nul soit à ses ordres. En dix ans il traverse tout cela : c'est tout un monde; c'est plus que le génie d'un grand homme, c'est la société tout entière.

Il y a là un horizon, un grand jour, un grand air; quelque chose de plus fort, de plus large, de plus animé, de plus vivant, de plus éclairé que le cabinet de Bossuet lui-même ne pouvait l'être pour son élève. Il y a là plus d'esprit autour de l'enfant; j'entends plus d'esprit respirable pour lui, si on me permet cette expression, plus de cet esprit dont il a besoin. C'est l'atmosphère, c'est la société qui convient à ce jeune âge, à ses pensées, à ses goûts, au développement de toutes ses facultés. Il jouit là de l'air le plus vif et le plus naturel; et par là même, il y prend quelque chose de plus ferme, de plus élevé, de plus actif, de plus robuste : il y devient un plus vaillant esprit.

On peut citer à l'encontre la grande et belle Éducation du duc de Bourgogne. Il est vrai : c'est peut-être la seule

Éducation particulière qui soit demeurée véritablement illustre ; mais on me permettra de dire qu'il y fallut un Fénelon, c'est-à-dire beaucoup plus qu'un grand génie ; et j'ajouterai que Fénelon lui-même laissa dans son admirable élève un seul, mais grave défaut, qui eût été manifestement corrigé par l'Éducation publique. Après l'Éducation achevée, le maître reprochait à l'élève d'être TROP PARTICULIER, *trop renfermé, trop borné à un petit nombre de gens.*

Pour le duc de Bourgogne lui-même, l'horizon avait été rétréci !

Je ne fais pas remarquer ici combien l'horizon de l'enfant est, le plus souvent encore, borné par les préoccupations aveugles de ses parents, borné par l'esprit étroit des serviteurs de la maison. Non : je prends l'Éducation particulière dans ses meilleures conditions. Je suppose que les parents sont très-intelligents ; je suppose qu'il n'y a autour de l'enfant que des domestiques et des femmes de chambre de bon sens, et par conséquent, que ni les uns ni les autres ne se mêlent pas mal à propos de son Éducation, qu'ils ne viennent jamais à la traverse du précepteur, et le laissent travailler seul à son œuvre. Quand cela s'est-il vu ?... je l'ignore, mais je le suppose.

Ce que je ne puis passer sous silence, c'est combien, bon gré, mal gré, l'Éducation particulière est bornée par les condisciples absents. J'y reviendrai quand il sera question de la formation du caractère ; qu'il me suffise maintenant de citer ces très-simples, mais très-profondes paroles de Quintilien :

« *Il est certain qu'un enfant ne peut apprendre chez lui*
« *que ce qu'on lui enseigne, et qu'aux écoles, il apprend*
« *encore ce qu'on enseigne aux autres.* »

Mais si l'horizon de l'enfant est si borné, que dirai-je de l'horizon du précepteur, et des charmes d'esprit qu'il y peut rencontrer? Quel horizon, hélas! pendant dix années, pour un homme de mérite, que celui d'un enfant qui ne sait rien que ce qu'on vient de lui apprendre! Je ne connais pas un précepteur ayant de l'esprit qui n'en souffre au-delà de tout ce qui se peut imaginer; et je ne voudrais ici d'autres témoignages contre l'Éducation particulière que celui des hommes de mérite qui s'y dévouent.

Bossuet se consolait de l'horizon misérable où le grand Dauphin le condamnait à passer une grande partie de ses jours, en composant pour la postérité le *Discours sur l'Histoire universelle* et la *Politique sacrée*; mais son élève souffrait probablement plus qu'il ne profitait de ces magnifiques travaux, et il faut reconnaître d'ailleurs que cette consolation n'est pas à la portée de tous les précepteurs.

Quintilien, après avoir expérimenté tour-à-tour l'Éducation publique et l'Éducation particulière, écrivait :

« *Il n'y a pour l'ordinaire que des hommes d'un esprit* « *médiocre qui daignent s'attacher à l'Éducation d'un seul* « *enfant, et faire l'office de précepteur : c'est qu'ils se sentent* « *incapables d'un emploi plus relevé.* »

J'avoue que je ne partage pas ici entièrement l'opinion de Quintilien. Sans doute, il n'est pas fréquent de trouver des hommes d'une rare valeur qui consentent à se livrer à l'Éducation particulière. J'en ai connu toutefois; j'en connais encore plusieurs, et du plus incontestable mérite. Mais, je dois l'avouer, ils sont difficiles à rencontrer, soit parmi les laïques, qui ne trouvent pas assez, dans l'Éducation privée, les avantages d'une carrière et l'honneur de l'avenir; soit, surtout, parmi les ecclésiastiques, qui, s'ils ont un mérite véritable, sont toujours appelés par leur évêque et par l'inspiration de leur cœur à des fonctions d'une importance plus élevée ou plus étendue (1).

Des précepteurs, hommes de mérite, sont donc véritablement assez rares. Sur cette rareté, d'ailleurs, le témoignage des parents eux-mêmes est ici le plus grave et le plus sévère de tous. J'ajouterai même à ce témoignage celui des précepteurs distingués que j'ai pu connaître ; car c'est surtout par leur expérience et leurs entretiens que j'ai compris tous les inconvénients de l'Éducation particulière. Nul, en effet, ne gémit plus de ces déplorables inconvénients que les hommes d'esprit condamnés à les subir.

« Je veux bien, continuait Quintilien, que, par argent,
« par crédit, par amitié même, on vienne à bout d'attirer
« chez soi un homme d'un mérite rare, cet homme *sera-*
« *t-il, tout le jour, occupé à enseigner, à surveiller un en-*

(1) Voilà pourquoi je n'hésite pas à dire, généralement parlant, qu'un bon laïque précepteur est moins difficile à trouver qu'un bon ecclésiastique ; et j'ajoute qu'ici comme ailleurs , l'ecclésiastique, s'il n'est très-bon , est pire que le laïque.

Si l'ecclésiastique n'est pas dans les ordres sacrés, on comprend sans peine les inconvénients d'une vocation douteuse, qui se dément le plus souvent, et à laquelle il renonce en même temps qu'à un habit respecté et à des habitudes qu'il ne regarde plus comme un devoir pour lui.

Je ne parle pas de celui qui est dans les ordres sacrés, mais non encore en âge de recevoir la prêtrise : ce ne peut être qu'un précepteur de passage ou d'occasion.

S'il est prêtre enfin, il faut, ou qu'il appartienne à un diocèse très-riche en bons sujets, et que son évêque ait cru pouvoir l'accorder par affection pour une famille chrétienne, et à cause du bien qui peut en résulter ; ou qu'une faible santé exige qu'il quitte les travaux du saint ministère, et se repose quelques années, en faisant une Éducation particulière.

En dehors de ces deux circonstances, je ne comprends pas , dans le temps où nous vivons, qu'un prêtre zélé et véritablement distingué se dévoue à une Éducation particulière.

« *fant?* et l'enfant sera-t-il continuellement occupé à le
« regarder, à l'écouter? *Mais un regard fixe et continuel*
« *sur le même objet fatigue, stupéfie les yeux.* Il en est de
« même de l'esprit. » Un horizon rétréci et toujours le
même le lasse, l'obscurcit, disons le mot, l'hébête : évidemment, c'est ce que Quintilien veut dire, et on le
comprend.

De là les reproches de détail adressés tant de fois, avec
tant de force et de raison, à l'Éducation particulière; de là
des enfants sans aucun goût pour le travail, sans aucun
élan, sans aucune émulation; de là des précepteurs sans
action, sans éloquence et sans vie. Et comment veut-on
qu'il en soit autrement?

« Comment veut-on, disait Quintilien, qu'un maître,
« qui n'a qu'un enfant à instruire, donne jamais à ses
« paroles le poids, le feu et la vivacité qu'elles auraient,
« s'il était animé par de nombreux auditeurs? La force
« de l'éloquence réside principalement dans l'âme. Il faut
« que l'âme soit touchée fortement, qu'elle se fasse des
« images vives des choses, qu'elle se transforme, pour
« ainsi dire, en ceux qu'elle veut persuader. »

Mais comment voulez-vous qu'un pauvre précepteur
s'anime de la sorte dans cette triste et perpétuelle solitude,
en face de ce malheureux enfant qui, depuis long-temps
déjà, se lasse de l'écouter; qui, s'il faut dire tout ici, et
nommer les choses par leur nom, a déjà bâillé dix fois,
malgré lui, depuis le commencement de la classe? Mais si

le précepteur s'animait, il serait ridicule, et l'enfant ne cesserait de bâiller que pour rire au nez de ce singulier déclamateur.

« Figurons-nous, en effet, dit encore Quintilien, un
« homme qui déclame et qui prononce un discours; re-
« présentons-nous sa voix, sa mine, sa démarche, sa
« prononciation, son geste; voyons-le se saisir, se trans-

« tant de peines et de travaux. Ce serait l'avilir, le pro-
« faner; et il aurait honte de donner un air si magnifique
« à un simple entretien. »

Au contraire, une classe nombreuse anime naturelle-ment un professeur. Combien de fois n'ai-je pas été té-moin de ce que je vais dire! Combien de fois n'ai-je pas rencontré nos jeunes professeurs au moment où ils quit-taient leurs études les plus chères pour aller faire leur classe! Ils marchaient presque toujours avec joie.

Un professeur qui va faire sa classe... Mais il va trouver là de jeunes esprits, nombreux, animés, pleins d'émula-tion, qui l'attendent :

> . . . . exultantiaque haurit
> Corda pavor pulsans . . . .
> . . . . spesque arrecta juventæ.
> (VIRGILE.)

L'effort qu'il fait pour les saisir, les élever jusqu'à lui, les dominer, lui donne de nouvelles forces. Il y a là, au moins, une noble et belle entreprise, une lutte digne d'un homme de cœur.

Dans le nombre, sans doute, il se trouve des ignorants, des paresseux ; mais les enfants studieux, intelligents, généreux, l'aident à éclairer l'ignorance, à entraîner la paresse des autres.

Et puis, comprend-on combien ici la responsabilité du professeur est plus réelle? Il tient et il doit tenir à ce que la classe marche bien, se distingue aux examens. Là, aux yeux de ses collègues, de toute une maison, il est sans excuse, si ses élèves répondent mal.

Avec un seul disciple, le précepteur peut se retrancher derrière la médiocrité de son élève ou accuser sa paresse.

Mais une classe, vingt ou trente élèves, c'est l'humanité tout entière : elle ne peut être paresseuse, ni imbécile en masse ; il faut qu'elle se distingue, ou le professeur est coupable. La paresse ou l'imbécilité deviennent alors son fait personnel.

Quant à l'émulation, on en a tant parlé ; on s'accorde tellement à reconnaître sa nécessité et ses avantages dans l'Éducation publique, que je me bornerai à ce que nous en raconte Quintilien :

« Dans l'Éducation publique, l'enfant verra tous les
« jours son maître approuver une chose, corriger l'autre ;
« blâmer la paresse de celui-ci, louer la diligence de ce-
« lui-là. Tout lui servira : l'amour de la gloire excitera son
« courage ; il aura honte de céder à ses égaux ; il voudra
« même surpasser les plus avancés. Voilà ce qui donne
« de l'ardeur à de jeunes esprits ! Je me souviens d'une
« coutume que nos maîtres observaient dans mon en-
« fance avec succès : ils nous partageaient en différentes
« classes, qu'ils réglaient eux-mêmes selon nos forces ;

« aussi, chacun cherchait à faire les plus grands progrès
« et à l'emporter sur ses condisciples. Cela s'examinait
« fort sérieusement, et c'était à qui remporterait l'avan-
« tage. Mais d'être le premier, à la tête des autres, c'était
« surtout ce qui faisait l'objet de notre ambition. Au reste,
« ce n'était point une affaire décidée sans retour : à la fin
« du mois, celui qui avait été vaincu pouvait prendre sa
« revanche, et renouveler la dispute qui n'en devenait
« que plus échauffée; car l'un, dans l'attente d'un nou-
« veau combat, n'oubliait rien pour conserver son avan-
« tage; et l'autre trouvait dans sa honte et sa douleur des
« forces pour se relever avec éclat. Je sais bien que tout
« cela nous donnait plus de courage et d'envie d'appren-
« dre que tout ce qu'auraient pu faire et nos maîtres, et
« nos précepteurs, et tous nos parents ensemble. »

Permettez, mon cher ami, qu'à la suite de ce passage
de Quintilien je place ici ce que m'écrivait récemment,
sur le même sujet, un des précepteurs les plus capables
que j'aie jamais connus :

« Dans l'Éducation particulière, tous les moyens qu'on
« peut employer pour exciter l'émulation, ne remplissent
« que très-imparfaitement le but. Dans l'Éducation pu-
« blique, les élèves ont un auditoire, les succès une digne
« récompense, les fautes, la paresse une juste et grande
« publicité.

« Dans l'Éducation particulière, un enfant que l'on fait
« lutter avec un cousin ou avec quelques camarades, fait
« quelques efforts de plus que s'il était seul. Mais il est
« là, tout au plus comme un avocat dans une petite con-
« férence, comme un acteur à la répétition solitaire; dans
« l'Éducation publique, c'est un acteur sur la scène, un
« avocat devant le tribunal, un orateur à la tribune.

défaut d'horizon, d'espace, rend impuissante à porter des fruits glorieux.

Rien n'est plus triste à voir que ces hommes incapables du grand air de la vie publique.

Il reste encore ici une observation très-juste et très-
importante à faire.

Dans l'Éducation particulière, qui peut dire à un enfant : voici la mesure exacte de votre travail, de vos efforts.

Sans doute, l'émulation peut devenir un mauvais amour-propre ; mais la bonne Éducation publique y remédie facilement. L'amour-propre étroit, misérable, croît au contraire et se développe excessivement et sans remède dans l'Éducation privée.

« C'est là, disait encore Quintilien, qu'on s'enfle d'un « sot orgueil, et qu'on s'entête de soi-même : *car c'est* « *une nécessité que celui-là s'en fasse accroire, qui ne se* « *compare avec personne !* »

Me permettrez-vous de vous citer ce que M. de Talleyrand écrivait autrefois, sur ce point très-délicat, à un de ses contemporains ? le fond et la forme de son observation ne seront pas pour vous sans intérêt :

« La vie privée produit, en général, sur le caractère « des hommes ce que l'Éducation particulière produit sur « celui des enfants : les intérieurs sont comme toutes les « petites pièces, où toutes les odeurs, l'encens surtout « portent à la tête. »

Il est à remarquer, en fait, que jamais les plus religieux instituteurs de la jeunesse n'ont redouté l'émulation. L'Église catholique elle-même a toujours cherché à faire naître, dans le cœur de ses disciples, les nobles sentiments et toutes les ardeurs d'une émulation généreuse.

La première dans le monde, l'Église a institué les *grades*, les honneurs littéraires, les distinctions scientifiques, les concours, les prix du travail. Elle redit volontiers avec saint Augustin à chacun de ses enfants : Pourquoi ne pourrais-tu pas ce qu'ont pu ceux-ci et ceux-là ? *Cur non poteris quod isti et istæ ?*

Seulement l'Église nous avertit de ne pas chercher à l'emporter sur un rival, pour surpasser l'homme, mais pour surpasser le bien qui est dans cet homme, et atteindre par là un bien plus grand : ce qui est l'amour non de la vaine gloire, mais du bien le plus élevé et de la gloire la plus noble et la plus pure.

C'est le puritanisme philosophique qui a essayé de bannir de l'Éducation les justes louanges, l'émulation généreuse. Le pédantisme qu'il affecte et qu'il inspire est véritablement curieux à examiner de près. Rien de plus sec, de plus raide, de plus compassé : tout y est d'une fade sensibilité ou d'une sécheresse désespérante.

Non, non : je ne suis pas de ceux qui redoutent dans l'Éducation le condisciple et la noble rivalité qu'il excite.

Le condisciple ! mais c'est un des plus puissants, des plus nécessaires moyens d'Éducation intellectuelle et morale ! Quoi ! vous voulez faire un homme, et vous avez eu la pensée de l'élever loin de ses semblables !

Le condisciple ! mais c'est la société qui commence, la vie sociale, ses devoirs et ses droits ; la généreuse émulation, la puissance de l'exemple, le partage des joies et des douleurs, des travaux et des succès, la naïve amitié, l'appui, le secours mutuel, la fraternité même ; car le condisciple, c'est un frère quand la maison d'Éducation est une famille.

Avec le condisciple se rencontrent aussi les froissements, le support, la patience, l'égalité, le respect d'autrui, choses si précieuses ! Non : je le répète, il n'y a pas, ou du moins il y a bien peu d'Éducations sans condisciple.

Au Petit-Séminaire de Paris, j'ai vu le condisciple et l'émulation préparer et accomplir des miracles de zèle et de travail, et faire fleurir, parmi cette nombreuse jeunesse, toutes les branches des plus fortes études, en même temps que les plus solides et les plus aimables vertus. J'ai vu là, des enfants dont les noms et le souvenir seront éternellement chers à mon cœur, je les ai vus, je les ai entendus s'écrier :

Je n'ai point d'ennemis, j'ai des rivaux que j'aime!

C'était la devise de leurs combats d'émulation.

J'ai vu là des émules s'aimer tendrement, se combattre, se vaincre et se féliciter tour-à-tour; je les ai vus s'admirer, se chérir, se louer, s'applaudir mutuellement avec bonheur, ne pouvoir se passer les uns des autres : c'est qu'il y avait, chez cette généreuse jeunesse, la noble et pure émulation du bien, non la basse et envieuse émulation de l'homme.

Il se rencontrait dans cette maison, comme il convient dans les Petits-Séminaires, —et je n'hésite pas à dire que c'est là un de leurs grands avantages, — des enfants de toutes les conditions et de toutes les fortunes. J'ai vu les riches admirer cordialement, honorer les pauvres; j'ai vu les pauvres aimer, honorer les riches; ou plutôt, il n'y avait plus là ni riches, ni pauvres : il n'y avait que des enfants de Dieu, des amis et des frères. Les grands protégeaient les plus jeunes; les anciens accueillaient les nouveaux, et devenaient comme les anges de leur entrée dans la maison. Entre tous, c'était tout à la fois une émulation de travail, de vertu et d'amitié. Doux souvenirs! temps heureux qui ne sortiront jamais de ma mémoire! ils se sont trop rapidement écoulés!

J'achèverai, mon cher ami, ce que j'ai à vous dire sur le premier aspect de la question qui nous occupe, en répondant à la seule objection qui puisse se faire ici.

Un précepteur, dit-on, qui n'a qu'un enfant à élever,

lui donnera bien plus de temps qu'un professeur de collége n'en peut donner à une multitude d'élèves entre lesquels il est obligé de partager ses soins : *Magis vacabit unus uni.*

Il lui donnera plus de temps. — Je réponds d'abord : et même il lui en donnera trop; il le fatiguera de sa personne, de sa voix, de ses leçons, de ses réprimandes, ce qui est la ruine de l'Éducation. Quand on a fait cette objection, s'est-on bien rendu compte de ce dont il s'agissait?

Le voici : un enfant est en étude ou en classe : « Mais, « dit Quintilien, l'étude, le plus souvent, demande qu'il « soit seul. De nombreux enfants apprennent une leçon, « ils écrivent, ils pensent, ils méditent : à tout cela il « ne faut pas de maître, et quiconque vient, pendant ce « temps, professeur ou autre, les trouble, ou offre à leur « paresse un secours pernicieux. »

Il ne faut là qu'un *Président d'étude*, homme grave, qui fasse respecter le silence et le respecte profondément lui-même.

Quant à la *classe* où le *professeur* parle aux enfants, leur donne *leurs devoirs*, les corrige; « Qui empêche, dit « Quintilien et le bon sens avec lui, qui empêche, en « instruisant un enfant, d'en instruire plusieurs?... Telle « est, en effet, la nature de bien des choses, que la même « voix les porte et les communique à tous. *Car il n'en* « *est pas de la voix d'un maître, comme d'un repas, qui* « *diminue à mesure que croît le nombre des convives; mais* « *il en est comme du soleil, qui distribue également partout* « *sa lumière et sa chaleur.* Qu'un grammairien fasse une « dissertation sur la langue, qu'il éclaircisse une question,

« qu'il explique un poëte, un historien, il n'y a aucun de
« ceux qui l'écoutent qui n'en puisse profiter.

« Mais, dira-t-on, le moyen qu'un homme entende,
« tous les jours, tant d'enfants, et qu'il ait le loisir de voir,
« d'examiner, de corriger ce qu'ils font? — Quand je con-
« viendrais qu'il ne le pourrait pas, où ne trouve-t-on
« pas des inconvénients? *Mais je ne prétends pas aussi que*
« *l'on envoie un enfant à une école où l'on croit qu'il sera*
« *négligé ; un bon maître ne se chargera jamais d'un trop*
« *grand nombre d'écoliers.*

« Ce maître, nous devons surtout faire en sorte de l'a-
« voir, je ne dis pas seulement pour ami, mais pour ami par-
« ticulier, afin qu'en instruisant nos enfants, il agisse par de-
« voir, et aussi par un secret mouvement de son affection. »

Je reconnais parfaitement d'ailleurs qu'il y a des enfants
auxquels il faut donner, dans les commencements, surtout
quand leur instruction primaire n'a pas été bonne, des soins
plus particuliers ; mais on peut les trouver ces soins dans
l'Éducation publique. L'enfant, si cela est nécessaire, peut
avoir un répétiteur, et le président d'étude peut veiller
plus particulièrement sur lui, et l'aider sagement, au besoin. Mais encore faudrait-il bien prendre garde de ne
jamais lui accorder ni soins, ni répétitions qui soient un
secours pour sa paresse. Au Petit-Séminaire de Paris, les
répétitions étaient une des choses dont je me défiais le
plus. Nos Messieurs d'ailleurs n'y avaient aucun goût : ces
répétitions leur enlevaient un temps précieux. L'Université
s'en est plainte elle-même pour ses colléges. M. de Salvandy
écrivait : *Le désir de s'enrichir par des répétitions voue l'en-*
seignement à une froide routine. Nos Messieurs donc,
qui n'avaient ni le désir, ni le besoin de s'enrichir, et qui
d'ailleurs étaient avares de leur temps, ne se prêtaient à

donner des répétitions que quand c'était évidemment l'avantage des enfants, et tous nos répétiteurs travaillaient à se rendre inutiles le plus tôt possible.

Je reconnais d'ailleurs parfaitement, encore avec Quintilien, qu'il est, en tout cas, très-important de choisir un collége où les professeurs soient assez nombreux pour que chaque classe ne le soit pas trop. Vingt, vingt-cinq élèves par classe suffisent au professeur le plus zélé, sauf peut-être pour les hautes classes littéraires.

Au Petit-Séminaire de Paris, jusqu'à la *Seconde*, dès que les élèves d'une classe passaient trente, trente-deux, je faisais deux divisions, et je donnais deux professeurs. En ce moment même, au Petit-Séminaire d'Orléans, d'où je vous écris ces lettres, nous avons trois divisions et trois professeurs de septième pour cinquante élèves : de cette manière, tous ces jeunes enfants sont interrogés et corrigés deux fois chaque jour. Il est à peu près impossible que de telles classes ne marchent pas, et que ces enfants ne fassent pas de véritables progrès.

M. de Bonald, qui a examiné très-attentivement laquelle, de l'Éducation publique ou de l'Éducation privée est préférable à l'autre, après avoir résolu la question comme je viens de le faire, se pose cette objection :

« On ne manquera pas de me dire qu'il y a des sujets « qui ne réussissent pas dans l'Éducation publique, et « d'autres qui réussissent dans l'Éducation domestique. »

Puis, à cette difficulté il répond simplement :

« Qu'est-ce que cela prouve ? »

Je ne répondrai pas autre chose.

M. de Bonald ajoute encore que l'Éducation privée présente, dans le très-jeune âge, des enfants qui sont véritablement de petits prodiges.

« Mais à trente ans, répond-il, ils ne savent rien, et je
« veux qu'ils ne sachent rien à neuf ans, pour savoir
« quelque chose à trente. Je me défie beaucoup de ces
« petits merveilleux qui ont tout vu, tout appris, tout fini
« à quinze ans; qui entrent dans la société avec une mé-
« moire sans jugement, une imagination sans goût, une
« sensibilité sans direction, et qui, mauvais sujets à seize
« ans, sont nuls à vingt. »

En voilà bien assez, mon cher ami, sur ce premier aspect de la question; il demeure évident, pour vous comme
pour moi, que l'Éducation publique a, sur l'Éducation
particulière, des avantages incontestables, quant à l'horizon
de l'esprit, quant à l'élan de l'émulation, quant à l'ardeur du travail, et, par une conséquence nécessaire, quant
à l'exercice et au développement de toutes les facultés intellectuelles.

Dans une prochaine lettre, nous étudierons la question
sous un nouvel aspect, si vous le permettez.

† FÉLIX, Évêque d'Orléans.

Du Petit-Séminaire d'Orléans, à la Chapelle, ce 26 juillet 1851.

———◦———

DEUXIÈME LETTRE.

MON CHER AMI,

Je dois aujourd'hui étudier avec vous les avantages et
les inconvénients de l'Éducation publique ou privée, rela-
tivement *à la formation du caractère.* Ce second aspect de

la question a encore plus d'importance et d'intérêt que le précédent : vous allez en juger. Je me bornerai, du reste, ici, comme dans ma première lettre, à vous offrir les raisons les plus simples et les plus pratiques.

Et d'abord, veuillez le remarquer : dans l'Éducation publique, les froissements odieux sont épargnés à l'enfant ; et il y rencontre, en revanche, tous les froissements utiles à la formation du caractère.

Dans l'Éducation privée, au contraire, les froissements utiles manquent, et les froissements odieux sont inévitables, en sorte que l'enfant y est tout à la fois amolli et irrité.

Voici ce qu'écrivait sur ce sujet un homme dont j'aime à citer le nom, l'autorité et le langage, M. Laurentie :

« La vie de famille convient au premier âge, mais bien-
« tôt elle est trop douce et trop indulgente. L'enfant
« n'apprend guère, au milieu des tendres soins qui tous
« ont pour objet de l'empêcher de souffrir, que la souf-
« france est une loi de l'humanité. La famille forme
« l'enfant aux vertus paisibles, non point aux vertus
« mâles et fortes.

« Il n'en est point ainsi de la vie de collége, où la
« sollicitude la plus paternelle ne saurait empêcher la pri-
« vation et le sacrifice, et où d'ailleurs tout fait une né-
« cessité de combattre les penchants à la mollesse et de
« vaincre les goûts efféminés.

« Le collége, c'est un monde avec ses petites passions,
« mais réglées par une autorité vigilante. Celui qui n'a
« pas vécu au collége, est bien surpris, en arrivant dans
« la vie, de se trouver tout désarmé, contre les tourments
« qu'il se grossit, contre les contrariétés d'amour-propre

« qui le désolent, contre les taquineries vaniteuses qui le
« désespèrent. »

M. de Bonald pensait comme M. Laurentie, et il a ex-
primé son opinion sur ce point, avec une finesse et une
profondeur d'observation très-piquantes :

« Dans l'Éducation domestique, même la plus distinguée,
« dit-il, l'enfant voit tout le monde occupé de lui ; un pré-
« cepteur pour le suivre, des domestiques pour le servir,
« quelquefois les enfants du voisin pour l'amuser, une
« maman pour le caresser, une tante pour excuser ses
« fautes ; il aura éprouvé des résistances de la part de ses
« supérieurs, ou des bassesses de la part de ses infé-
« rieurs ; mais il n'aura pas essuyé de contradiction de la
« part de ses égaux, et parce qu'il ne l'aura pas essuyée,
« il ne pourra la souffrir.

« Cette contradiction si utile s'exerce par la collision
« des esprits, des caractères, et quelquefois des forces
« physiques. Elle abaisse l'esprit le plus fier, assouplit le
« caractère le plus raide, plie l'humeur la moins com-
« plaisante ; et l'on sent à merveille que les graves re-
« proches de M. l'abbé à un enfant qui a de l'humeur,
« les petites mines de la maman et les sentences de la
« tante ne produisent pas, pour l'en corriger, l'effet que
« produirait l'acharnement d'une demi-douzaine d'es-
« piègles appliqués à contrarier le caractère bourru de leur
« camarade. »

Parmi tous les avantages qu'on recueille de l'Éducation
publique dans un bon collége ; parmi les choses qui contribuent le plus à l'affermissement du caractère, il faut
mettre au premier rang : l'ordre et la discipline, qui dis-
posent d'une manière uniforme tous les exercices de la
journée ; la vie simple et frugale qu'on y mène, loin des

douceurs et des caresses amollissantes de la maison paternelle, et enfin tout ce que je nommerais volontiers les
froissements de la cloche, de la règle, du régime. L'influence de ces choses sur la vie entière est incalculable.

Voici quelques lignes fort curieuses qu'écrivait, à ce
sujet, dans ses Mémoires, Henri de Mesmes, un des plus
illustres magistrats du XVIᵉ siècle.

« Avec mon puis-né Jean-Jacques de Mesmes, je fus mis
« au collége de Bourgogne, dès l'an 1542, en la troisième
« classe; puis je fis un an peu moins de la première. Mon
« père disait qu'en cette nourriture du collége, il avait eu
« deux regards : l'un à la conservation de la jeunesse gaie
« et innocente; l'autre à la discipline scholastique, *pour*
« *nous faire oublier les mignardises de la maison et*
« *comme pour nous dégorger en eau courante...* Je trouve
« que ces dix-huit mois de collége me firent assez bien.
« J'appris à répéter, disputer et haranguer en public;
« pris connaissance d'honnêtes enfants dont aucuns vivent
« aujourd'hui; j'appris la vie frugale de la scholarité et à
« régler mes heures.

« Tellement qu'au sortir de là, je récitai en public plu-
« sieurs vers latins et 2,000 vers grecs faits selon l'âge;
« récitai Homère par cœur d'un bout à l'autre, qui fut
« cause, après cela, que j'étais bien vu par les premiers
« hommes du temps. »

Je pourrais citer encore ici bien d'autres témoignages :
je ne le crois pas nécessaire. Sur ce point, la contestation
n'existe guère. Les partisans de l'Éducation privée avouent
qu'elle est peu favorable à l'affermissement du caractère,
et que trop souvent elle forme des enfants gâtés par la
mollesse et par la vanité.

Mais il est un point sur lequel j'insisterai davantage,

parce qu'il est d'une égale importance, et qu'on n'y a peut-être pas jusqu'à ce jour regardé de si près.

Dans l'Éducation domestique, non-seulement les froissements utiles manquent, mais les froissements odieux sont inévitables, et voilà pourquoi, dans cette Éducation, non-seulement le caractère ne se fortifie pas, mais, souvent même, il s'aigrit et se déprave. L'autorité, le respect, l'obéissance y deviennent le plus souvent impossibles.

Ici, mon cher ami, permettez-moi les détails : ils sont nécessaires.

Et d'abord, dans l'Éducation privée, les caractères indociles sont perpétuellement irrités, parce que le commandement du précepteur est toujours personnel ; la règle tout-à-fait individuelle, par conséquent persécutrice ; du moins l'enfant le croit et le sent ainsi. C'est lui toujours qu'on poursuit ; c'est toujours à lui qu'on en veut ; c'est du moins toujours à lui qu'on s'adresse, du matin au soir, à toute heure, à tout moment.

Dans l'Éducation publique, au contraire, les froissements personnels disparaissent. Une cloche sonne, deux cents enfants marchent. Le vôtre marche avec eux ; il est entraîné ; il n'en veut, il ne peut en vouloir à personne. Il ne saurait s'irriter contre la cloche : elle a sonné pour tous. Il n'y a pas de révolte, pas de mauvaise réponse possible ici. Tous se mettent en rang, au travail, au silence en même temps. Rien ne blesse là l'amour-propre de l'enfant : rien n'est odieux : c'est la justice, c'est la règle générale, c'est l'ordre public ; on n'y réplique point, ce serait insensé : la pensée même n'en vient pas.

D'ailleurs c'est un de ses condisciples qui fait sonner la cloche. La cloche elle-même obéit à l'heure, à l'horloge, c'est-à-dire, à la puissance du Temps. Toute une maison, ses maîtres eux-mêmes cèdent, comme lui, à ce pouvoir suprême, mystérieux, qui est le Temps de chaque chose; qui ordonne le travail, le silence, les délassements, la prière, les repas, le sommeil, la vie tout entière, et qui, par là même, fait la paix, la tranquillité de l'ordre, l'harmonie universelle : *Pax tranquillitas ordinis.*

Contre un tel ordre, toute révolte serait un acte à la fois absurde et indigne; vaincu sur l'heure, anéanti par son indignité même.

L'Éducation publique triomphe donc naturellement, simplement, de toutes les résistances, sans descendre à des luttes misérables. Elle les fait disparaître par une force supérieure et irrésistible. Son action, sa puissante énergie, s'exercent dans un champ si vaste, dans une région si élevée, d'une manière si générale, si impersonnelle, pour ainsi dire, que la petite guerre n'y est pas possible.

Et quant aux grandes résistances, elle les prend de haut, elle les enlève; et s'il le faut, quand elles résistent trop, tout-à-coup elle les brise ou les bannit, et la tranquillité de l'ordre, la loi et la paix demeurent toujours.

Quoi qu'il arrive, ce n'est jamais une querelle égoïste ou personnelle : c'est toujours au nom de l'ordre public, du bien général, que, sans avoir jamais rien ni de taquin, ni de vexatoire, l'autorité exige une obéissance qui est toujours honorable et facile, parce qu'elle est commune.

Parlerai-je des caractères paresseux aux prises avec l'Éducation privée?... il faut nécessairement qu'ils s'y anéantissent ou s'y aigrissent; il faut ou les laisser dormir ou les irriter. Un pauvre précepteur est obligé de se croiser les bras tout le jour, et de demeurer là, sans puissance, sans ressources, désespéré, déshonoré, devant une force d'inertie invincible; ou bien il est réduit à reprendre,

à exciter, à aiguillonner mille fois par jour : c'est un tour‑
ment pour l'enfant, c'est un tourment pour le maître.

De là, l'obéissance, le respect, la reconnaissance chez
l'un; l'attachement, l'affection chez l'autre, sont à peu
près impossibles.

Non, je n'aime pas l'Éducation privée; parce qu'elle
fait mépriser ce qu'il y a de plus respectable au monde :
l'autorité; et haïr ce qu'il y a de plus aimable : l'enfance!

Et il faut avouer que le plus souvent l'enfance y est
haïssable, parce qu'elle y est sans docilité, sans recon‑
naissance et sans respect; et l'autorité y paraît mépri‑
sable, parce qu'elle est condamnée à devenir, trop
souvent, une sorte de persécution sans dévouement ni
bonté.

Oui, lorsque ce précepteur et cet enfant ne vivent pas
ensemble dans une cordiale intelligence; lorsque le ca‑
ractère, soit de l'un, soit de l'autre, soit de tous les
deux, s'oppose à ce qu'il s'établisse entre eux une sorte
de familiarité convenable, il est manifeste que ce doit être
une torture morale affreuse pour ce pauvre enfant, con‑
damné à voir, sans cesse, un œil inquisiteur qui le suit
dans tous ses mouvements; condamné à entendre conti‑
nuellement la même voix, une voix sèche et sévère qui le
réprimande (1).

Et d'autre part, quelle torture pour ce précepteur,
d'avoir là, toujours sous les yeux, le même enfant, la

____

(1) Voici ce que me disait, il y a peu de temps, un de mes amis auquel
j'avais communiqué les lignes qui précèdent :

« *Dans ma jeunesse, avec une imagination vive, sous un extérieur*
« *très-calme et très-timide, si j'avais été placé dans ces conditions, je*
« *me serais ouvertement révolté, ou je serais devenu fou. Oui, l'un ou*
« *l'autre me serait infailliblement arrivé.* »

même résistance, la même paresse, les mêmes réponses, la même stupidité!

Non : il le faut reconnaître, cette situation est de celles dont on peut dire qu'elles répugnent à la nature. L'Éducation privée fait vivre beaucoup trop intimement le précepteur avec les défauts de ses élèves; il les voit de trop près, à toute heure; il en souffre trop pour conserver avec eux l'indulgence convenable ; et eux, de leur côté, voient de beaucoup trop près ses faiblesses.

Aussi je me souviens que quand je parlais à des précepteurs de mon amitié pour l'enfance et des charmes de cet âge, ils se prenaient à sourire tristement et me disaient : on voit bien que vous n'avez jamais été précepteur; si vous l'aviez été, vous ne parleriez pas de la sorte.

Dans l'Éducation publique, au contraire, dans ce grand mouvement, dans cette variété perpétuelle et régulière des hommes et des choses, l'humeur, la défiance, l'inquiétude, l'irritation, ne peuvent être éternelles.

Qu'on y réfléchisse, et on verra, par exemple, quel avantage il y a pour tous à ce que celui qui préside à l'étude et au travail n'ait pas à en demander compte et ne soit pas celui qui fait la classe (1).

Si l'un est mécontent, il y a ressource auprès de l'autre. La mauvaise humeur ne se perpétue pas ; il y a remède et pour l'enfant et pour le maître.

Il n'en est pas de même dans l'Éducation privée. Un pauvre précepteur a dû, pendant l'étude, dire vingt fois à son élève : *Travaillez donc! faites donc votre devoir! étudiez donc vos leçons!* Et après qu'il sait et qu'il a tris-

---

(1) Bien que dans une maison d'Éducation fortement et habilement constituée, il y ait, entre le professeur et le président du travail, intelligence nécessaire et rapports convenables.

tement constaté que le devoir n'a pas été travaillé, ni les leçons apprises, vient la classe où il fait réciter les leçons et corrige le devoir. Naturellement alors l'humeur du maître et de l'enfant continue et va jusqu'à l'exaspération.

Puis, après la classe, arrive la récréation. Et bien qu'il n'y ait entre ces deux êtres ni harmonie possible, ni jeux, ni plaisirs communs, ils sont condamnés à prendre cette récréation ensemble : il faut que l'un divertisse l'autre. Si c'est à la maison, le précepteur est obligé plusieurs fois de dire à l'enfant d'un ton chagrin : *Mais taisez-vous donc, vous faites trop de bruit : on ne s'entend pas!...* Et alors l'enfant demeure immobile, ennuyé, anéanti, la tête sur un livre, ou sur une carte de géographie qu'il a déjà regardée, tachée, déchirée dix fois ; sentant son maître toujours là qui le regarde et l'obsède ; ou bien, s'il fait beau, ils sortent et vont à la promenade ; et vous les rencontrez rue du Bac, ou dans le faubourg Saint-Honoré, marchant à quelques pas l'un de l'autre, à une honnête distance, mais le plus loin possible ; et tout en gémissant, chacun de son côté, de ne pouvoir se perdre de vue totalement, heureux du moins de cette petite séparation momentanée.

En revanche, combien de fois n'ai-je pas vu des enfants entrer au Petit-Séminaire de Paris, et y subir avec joie tous les assujettissements les plus sévères ; et quand je leur en témoignais ma satisfaction, et aussi mon étonnement : *Ah! Monsieur,* me disaient-ils, *ici, c'est bien différent de ce que c'était à la maison avec notre précepteur.* Je cite textuellement. Voici comme l'un d'eux m'exprima, un jour, dans sa langue d'écolier, la tristesse de sa situation, contre laquelle il avait comme obligé ses parents à lui chercher un abri dans l'Éducation publique :

« *Notre précepteur était très-bon, je le reconnais ; mais,*

« *vraiment, c'était bien triste de l'avoir toujours sur notre*
« *dos, et puis aussi d'être toujours sur le sien. Voilà pour-*
« *quoi mon frère et moi nous avons tant demandé à nos*
« *parents de nous mettre au Petit-Séminaire, qu'ils s'y*
« *sont enfin décidés!* »

Le fait est qu'un précepteur et un enfant, réduits à être toujours ensemble, ne se laissent jamais respirer l'un l'autre, et n'ont jamais, ni l'un, ni l'autre, un mouvement libre.

L'étude, la classe, la récréation, les repas, la prière, le matin, le soir ; le coucher, le lever : toujours le même maître, toujours le même enfant, et cela pendant dix années! Quand ils se prennent mal ou de travers, comprend-on où cela va?... C'est une situation absolument sans remède ; il faut la changer, se séparer, ou se haïr : pas de milieu. Je dis *se haïr,* car cela va véritablement à la haine, ou au moins à un dégoût insupportable. Que deviendra dans ce fiel et sous ce pressoir l'âme d'un pauvre enfant et le caractère d'un malheureux précepteur!

Dans l'Éducation publique, il n'en va pas de la sorte : un maître console de l'autre. Les condisciples et les récréations consolent des maîtres. A cet âge, il ne faut qu'être distrait pour être guéri et oublier tous ses chagrins : or, un collége est plein de distractions légitimes.

Dans un collége, un professeur va en classe. Il retrouve ses élèves ; mais il y a plusieurs heures, quelquefois tout un jour qu'il ne les a vus. Il aime à les revoir ; ils sont aimables pour lui. Même dans une classe médiocre, il y a toujours quelques élèves bons, dociles, reconnaissants, laborieux, distingués. Ceux-là lui donnent du courage pour supporter et même pour encourager les autres.

Et, quant à ceux qui lui donnent quelque peine et qu'il

retrouve, ils sont là, du moins, toujours, ainsi que lui, dans une condition plus favorable. Plusieurs heures se sont écoulées depuis leur dernière entrevue : l'irritation s'est nécessairement adoucie de part et d'autre.

Le professeur n'a pas été *le maître d'études* : ce n'est pas lui qui a forcé ces enfants au travail dont il vient constater le résultat. S'il a été président de récréation, il ne les a pas contraints dans leurs jeux, au milieu de leurs joyeux camarades : il a pu même trouver là une occasion pour leur dire une bonne parole, pour leur faire amitié.

Au Petit-Séminaire de Paris, combien de fois n'ai-je pas été, à dessein, faire une partie de balle ou de cerceau avec ceux parmi lesquels je distinguais l'enfant dont j'étais le plus mécontent ! Rien ne m'aidait plus puissamment à retrouver son âme.

On le comprend : une grande cour, une récréation vive et animée, des jeux bruyants et deux cents condisciples intervenant aident beaucoup à une réconciliation. Tout cela fait un changement de scène qui facilite singulièrement le changement d'humeur.

De plus, pendant les heures qui se sont écoulées entre une classe et l'autre, le professeur a occupé son esprit d'autre chose que de ce qui l'avait chagriné. Il n'a pas été réduit, comme l'infortuné précepteur, à la nécessité de ne voir, pendant tout le jour, que ce triste enfant, de n'entendre que lui, de ne penser qu'à lui, de n'habiter qu'avec lui.

Prenez-y garde, mon cher ami, cette dernière circonstance est considérable, et je veux vous en faire remarquer toutes les conséquences. Le professeur a sa chambre, son cabinet, ses livres ; il est chez lui, seul et vraiment son maître. Il n'en est pas ainsi du précepteur : le précepteur n'est presque jamais seul, et par conséquent presque jamais son maître chez lui.

Contre tous les ennuis de sa classe, le professeur a, du moins, un asile; le précepteur, le plus souvent, n'en a point. Sa chambre, c'est presque toujours tout à la fois *l'étude, la classe, le lieu de la récréation*, quand il fait mauvais temps; et même *le dortoir*.

De chez lui donc, de cet asile de sa liberté, de son indépendance, de sa dignité personnelle, de ses nobles études, le professeur se rend en classe; et bien que tel enfant ou tel autre lui ait, la veille, causé de la peine, on comprend que la peine est déjà un peu loin : depuis la dernière classe, il y a eu bien du temps, bien des choses, et on arrive, de part et d'autre, pour la classe nouvelle, sans trop de prévention ni de chagrin.

Si l'enfant a travaillé, s'est corrigé, le professeur le félicite, et toute la classe s'en réjouit.

Si l'enfant n'a pas travaillé, et a bien réussi, ce qui arrive parfois, le professeur ne le tourmente point. Il ignore ce qu'il croit bon d'ignorer. Il ne lui fait pas remarquer sévèrement la contradiction qui se trouve entre sa paresse et son succès : ce que le précepteur est, à peu près, obligé de faire en pareille circonstance.

Si le contraire est arrivé, si l'enfant a travaillé sans réussir, le professeur s'en aperçoit promptement. Averti d'ailleurs par le président d'étude, il rend justice à son travail, l'encourage à travailler plus sérieusement encore, et lui fait espérer un meilleur succès.

Je pourrais multiplier ces détails. C'en est assez pour montrer ce que les caractères irritables et les caractères paresseux peuvent devenir dans l'Éducation privée.

Que dirai-je maintenant, mon cher ami, des caractères

forts, des grands caractères, des natures vives, curieuses, emportées? Elles y étouffent. Je dois répéter ici, et avec plus d'insistance encore, ce que je vous ai dit déjà à un autre point de vue, dans ma première lettre :

La petite capacité d'un intérieur si étroit est un supplice pour ces sortes de caractères. Il leur faut plus de place, un mouvement plus libre, un *spaciement* plus vaste, un horizon où leur énergie s'élance et puisse s'exercer sans péril. Tout cela se trouve dans l'Éducation publique. Il y a là tant de noms divers, tant d'exercices variés, tant de figures différentes; tant de maîtres, tant d'élèves, les anciens, les nouveaux : que l'activité la plus infatigable s'y épuise à la longue, ou du moins se trouve à l'aise. Il y a des amitiés, il y a des rivalités; il y a des compositions pour les luttes de l'esprit; il y a un gymnase pour les luttes du corps, et un public pour les unes et les autres; il y a des fêtes religieuses et des fêtes littéraires ; il y a de grands congés, de grandes promenades, des sorties.

Constamment une chose distrait et repose de l'autre. Les récréations préparent au travail et en délassent; le travail rend la récréation plus agréable, etc.

Si on trouve un condisciple, un maître avec qui on ne s'accorde pas, on en rencontre facilement un autre dont la bonne amitié, les bons conseils font prendre sagesse ou patience.

Il y a, enfin, des vacances *qui sont de vraies vacances,* et qui offrent tout-à-coup un complet changement de scène pendant deux mois. Encore une fois, tout cela suffit pour contenter et quelquefois pour lasser l'activité la plus infatigable.

Tout cela est vrai, me dira-t-on; mais il n'est pas moins vrai qu'au collège, si le caractère des enfants se fortifie,

leur cœur se dessèche; ils oublient leurs parents, les tra-
ditions de la famille.

Ce serait assurément un grand malheur; mais j'ose affirmer qu'il n'en est rien.

Voici ce qu'un père de famille, chéri de ses enfants, et
également habile dans l'art de l'Éducation publique et de
l'Éducation privée, écrivait :

« Et moi je dis que, s'il est un moyen d'animer ou de
« raviver pour toujours la tendresse d'un enfant, c'est de
« l'éloigner des soins minutieux de la maison paternelle.
« Dès que l'enfant arrive à d'autres mains, et même à des
« mains pieuses et bienveillantes, qui ne voit que cette
« situation nouvelle développe à l'instant dans sa jeune
« âme cet amour de la famille qu'il n'avait point senti en-
« core, parce qu'il n'était qu'une habitude ! L'enfant,
« éloigné du toit où vit son père, où pleure peut-être sa
« mère, éprouve je ne sais quoi d'inconnu qui est tout
« à la fois de la douleur et du courage : la douleur d'être
« séparé; le courage de faire effort pour rendre utile ce
« sacrifice. Alors l'affection commence à devenir une vertu.
« Et lorsque les premières années de la vie se sont ainsi
« écoulées, l'enfant revient avec bonheur dans le sein
« des parents qu'il aime. C'est souvent le contraire de
« l'enfant que le toit domestique a vu grandir. Celui-ci, de
« dégoût et d'ennui, prend la fuite vers d'autres plaisirs
« plus violents; et je ne sais pas bien ce que les moralistes
« de boudoir se sont réservé de moyens pour retenir cette
« impatience... »

Combien de fois n'ai-je pas fait l'expérience de la vérité
qui est dans ces sages paroles !

A ceux donc qui disent : cet enfant oubliera ses parents
au collége, je répondrai : oui, si vous l'y oubliez vous-

même. Mais ne l'y oubliez point; ne cessez pas de lui faire éprouver, de loin comme de près, la bonté, la vigilance paternelle et maternelle; qu'il ne sente pas, comme il arrive malheureusement quelquefois, que c'est pour se débarrasser de lui qu'on l'a jeté dans l'Éducation publique. Ne cessez jamais de présider, comme vous le devez, à son Éducation. Écrivez-lui souvent, et des lettres qu'il conserve avec amour, qu'il relise avec fruit. Venez le voir aux jours et aux heures convenables; parlez-lui toujours avec le digne et tendre langage de la sollicitude éclairée d'un père et d'une mère; et je vous réponds, moi aussi, pour l'avoir souvent expérimenté, que, loin de lui faire oublier ses parents, cette séparation, au contraire, les lui rendra plus vénérables et plus chers.

Combien de fois ne m'est-il pas arrivé, — je pourrais citer des noms propres, — de dire avec succès à des parents qui se plaignaient de la froideur, de l'indifférence de leur fils et de leur fille : mettez-le au collége; mettez-la au couvent, vous retrouverez sa tendresse, vous referez son cœur.

L'enfant trop caressé est toujours sans affection véritable, sans reconnaissance pour ses parents. Il croit que tout lui est dû; il ne leur sait plus aucun gré de ce qu'ils font pour lui. Le collége lui apprend tout-à-coup quel est le prix de la maison paternelle; lui en fait sentir plus vivement tous les avantages; lui fait comprendre, en un mot, *ce que c'est qu'un père, ce que c'est qu'une mère,* et que les meilleurs instituteurs sont loin d'avoir leur tendresse!

M. de Bonald nous fournit encore ici une observation bien digne de sa profonde sagacité :

« L'Éducation domestique, dit-il, est dangereuse, parce « que les enfants jugent leurs parents à l'âge où ils ne

« doivent que les aimer, et deviennent sévères avant que
« la raison leur ait appris à être indulgents. »

C'est après avoir réfléchi profondément sur toutes ces
choses, que j'ai entendu, avec moins d'étonnement, il y
a peu de jours, une des mères les plus intelligentes, les
plus fermes et les plus tendres que j'aie jamais connues,
me dire : *On se trompe bien sur ceci : c'est le plus souvent
dans la maison paternelle que se perd l'esprit de famille.*

Il y a encore dans l'Éducation publique une chose
dont les parents s'effraient beaucoup : je veux parler des
manières, du langage et de l'esprit écolier. On se plaint que,
jusqu'à un certain âge, les enfants y ont quelque chose de
gauche, d'impoli; les jours où ils sortent et où ils vont
chez leurs parents, on remarque avec peine qu'ils sont
embarrassés pour faire un salut; qu'ils ne savent ni entrer
dans un salon, ni en sortir; qu'ils ont même un certain
argot collégien tout-à-fait désagréable à entendre; et, pour
tout dire enfin, que, quand on va les surprendre dans leur
négligé de collége, ils viennent presque toujours au par-
loir avec leurs habits déchirés, leurs mains pleines d'encre
et leurs visages malpropres.

Je ne conteste aucun de ces inconvénients de l'Éducation publique; je crois seulement qu'on s'en afflige plus
qu'il ne convient.

Je ne suis pas suspect à cet égard. Veuillez, mon cher
ami, relire, dans mon Ouvrage, le 4ᵉ chapitre du Iᵉʳ livre,
où je m'élève avec force contre *la grossièreté collégienne,*
et où je démontre que l'Éducation est très-spécialement
une œuvre de politesse. Veuillez relire aussi le 5ᵉ chapitre
du IIIᵉ livre sur *les Soins physiques et la Propreté* : vous
verrez là mes principes sur tout ceci.

Je reconnais parfaitement aussi que, dans l'Éducation domestique, on peut bien plus facilement que dans l'Éducation publique éviter ces défauts. Un père, une mère, un salon, des femmes de chambre, de nombreux domestiques peuvent y aider. Mais il faut bien prendre garde, pour éviter les inconvénients dont il est ici question, de tomber dans des inconvénients beaucoup plus graves.

M. de Bonald a trouvé ces périls si sérieux, qu'il n'a pas craint de les signaler à l'attention des pères et des mères de famille avec une sévérité d'observation et de langage qu'on ne me permettrait peut-être pas. On me permettra, du moins, de citer ses paroles :

« L'Éducation domestique est dangereuse, dit-il, parce
« que les enfants y apprennent ou y devinent tout ce qu'ils
« doivent ignorer; parce qu'elle place un enfant au milieu
« des femmes et des domestiques ; que, s'il y apprend à
« saluer avec grâce, il y contracte l'habitude de penser
« avec petitesse; si on lui apprend à manger proprement,
« on le forme à la vanité sans motif, à la curiosité sans ob-
« jet, à l'humeur, à la médisance; à mettre un grand in-
« térêt à de petites choses ; à disserter gravement sur des
« riens. On fait entrer dans les moyens d'Éducation des
» observations critiques sur les personnes qu'il a accou-
« tumé de voir, et on lui donne ainsi le goût méprisable
« du persifflage. Il s'accoutume à s'entretenir avec des va-
« lets, à caqueter avec des femmes de chambre : toutes
« choses qui rétrécissent le moral à un point qu'on ne
« saurait dire.

« L'Éducation domestique serait insuffisante, même
« quand on commencerait par faire l'Éducation de toute
« la maison, maîtres et valets ; aussi tous ceux qui ont
« écrit sur l'Éducation, veulent qu'on élève les enfants à

« la campagne, et exigent la perfection dans tout ce qui
« les entoure, et dans tous ceux qui contribuent à leur
« Éducation : ils supposent enfin ce qui ne peut se trou-
« ver que dans un petit nombre d'individus, et ils pro-
« posent par conséquent ce qui ne convient à personne. »

Quant à ce qui se nomme l'argot écolier, je dois avouer
que j'ai été moi-même fort exagéré contre ce défaut. Il
m'a toujours blessé au vif. Mes anciens élèves peuvent se
souvenir que j'étais inflexible à cet égard. Tout enfant du
Petit-Séminaire qui se servait, en ma présence, de ces
mots ridicules ou grossiers, était condamné au silence pour
cinq minutes au moins (1). Je ne me fâchais point ; mais
cette langue grossière se taisait. Et puis, j'ai fini par reconnaître que j'étais trop sévère à cet égard, et qu'il y a
des mots familiers, des *mots écoliers,* bien difficiles à éviter et dont il faut prendre son parti, tâchant seulement
d'en avoir le moins possible.

Quant aux enfants moins soignés de leur personne,
quant aux genoux et aux coudes percés, quant aux visages
et aux mains noircis par l'encre, il y aurait bien à dire,
mon cher ami, surtout si je voulais rétorquer l'objection,
et répondre par les contrastes. Le courage me manque.
Votre chère femme, quoique mère si ferme et si sage, me
trouverait peut-être un peu dur. Il me suffira de vous at-
tester qu'au Petit-Séminaire de Paris, nos enfants avaient
des fontaines toujours jaillissantes, et des serviettes sus-
pendues, à leur disposition, et que chacun d'eux pouvait se
débarbouiller régulièrement trois fois par jour ; mais je ne

(1) Je ne rangeais pas au nombre des mots ridicules ou simplement
grossiers, les expressions sans respect pour les maîtres : ce n'était pas
seulement cinq minutes de silence, c'était l'exclusion immédiate du Petit-
Séminaire, qui suivait ces expressions.

les y obligeais qu'une fois, le matin ; et le reste de la journée, il fallait qu'ils fussent devenus bien extraordinaires, pour ne pas me paraître toujours fort agréables. De bonne foi, les dictionnaires, les rudiments, les écritoires, les plumes, dix heures de travail par jour, des récréations en conséquence, et l'âge, demandent un peu d'indulgence sur tout cela.

En voilà assez. Je veux cependant, avant de finir cette lettre, vous citer un passage de M. de Châteaubriand, où vous verrez ce qu'il pensait des *écoliers d'autrefois,* et de l'élégance de certaines Éducations privées :

« Un étranger se trouvait, il y a quelque temps, dans une société où l'on parlait du fils de la maison, enfant de sept à huit ans, comme d'un prodige. Bientôt on entend un grand bruit, les portes s'ouvrent, et l'on voit paraître le petit docteur, les bras nus, la poitrine découverte, et habillé comme un singe qu'on va montrer à la foire. Il arrivait se roulant d'une jambe sur l'autre, d'un air assuré, regardant avec effronterie, importunant tout le monde de ses questions, et tutoyant également les femmes et les hommes âgés. . . . .

« Ah ! ce ne sont pas là ces enfants d'*autrefois* que leurs parents envoyaient chercher, tous les jeudis, au collége. Ils arrivaient avec des habits simples et modestement fermés. Ils s'avançaient timidement au milieu du cercle de la famille, rougissant quand on leur parlait, baissant les yeux, saluant d'un air gauche et embarrassé, mais empruntant des grâces de leur simplicité même et de leur innocence ; et cependant le cœur de ces pauvres enfants bondissait de joie. Quelles délices pour eux, qu'une journée passée ainsi, sous le toit paternel, au milieu des complaisances des domestiques, des embrassements des sœurs, des dons secrets de la mère ! Si on les interrogeait sur leurs études, ils ne répondaient pas que l'homme est un animal *mammifère* placé entre les chauves-souris et les singes, car ils ignoraient ces importantes vérités ; mais ils répétaient ce qu'ils avaient appris dans Bossuet ou dans Fénelon, que Dieu a créé l'homme pour le servir ; qu'il a une âme immortelle ; qu'il sera puni ou récompensé dans l'autre vie, selon ses mauvaises ou bonnes actions ; que les enfants doivent être respectueux envers leurs père et mère ; enfin toutes ces vérités du Catéchisme qui font pitié à la philosophie. Ils appuyaient cette *histoire naturelle* de l'homme, de quelques passages fameux en vers grecs ou latins empruntés d'Homère ou de Virgile ; et ces belles citations du génie de l'antiquité se mariaient assez bien aux génies non moins antiques de l'auteur du *Télémaque* et de celui de l'*Histoire universelle.* »

Tout à vous,

† Félix, *Évêque d'Orléans.*

TROISIÈME LETTRE.

Mon cher ami,

Dans ma première lettre, je vous ai promis d'étudier avec vous la question des avantages ou des inconvénients de l'Éducation publique ou privée, *quant à la pureté des mœurs :* je viens, aujourd'hui, acquitter ma promesse.

C'est ici, je dois l'avouer, que les partisans de l'Éducation privée, ceux-là même qui se trouvent forcés de convenir que l'*Esprit*, que le *Caractère* s'élèvent, se développent et se fortifient mieux dans l'Éducation publique, croient enfin l'emporter, se récrient à leur tour, et nous disent, avec un Ancien, que *jeter un enfant au milieu d'une foule d'autres enfants et parmi ces jeunes gens enclins au vice, dont le commerce ne peut être qu'un exemple et une source de déréglement, c'est trop exposer sa faiblesse, et préparer à la pureté de ses mœurs une ruine presque inévitable.*

La question devient, on le voit, très-délicate; car elle ne peut être résolue qu'après un examen attentif des périls que, dans l'état actuel des mœurs publiques et privées, l'Éducation particulière elle-même fait courir à l'innocence de l'enfant. La réserve avec laquelle je dois m'exprimer, augmente la difficulté de cette question : toutefois, je ferai entendre ma pensée tout entière, même quand je devrai ne pas la manifester hautement, même quand je ferai en sorte de ne la dire que par la bouche d'autorités étrangères.

Et d'abord, je réponds sans hésiter : que si les enfants doivent trouver dans l'Éducation publique, dans le collége, de mauvaises mœurs et l'impiété, IL VAUT MIEUX MILLE ET MILLE FOIS qu'ils demeurent à jamais ignorants, ou reçoivent une instruction moins parfaite, que de venir là perdre leur foi et flétrir leur vertu.

Je ne fais que répéter énergiquement ici ce que je vous écrivais déjà dans ma première lettre : vous ne pouvez l'avoir oublié, mon cher ami.

C'est, du reste, ce que Quintilien lui-même, au sein du paganisme, déclarait sans détour. Au sein du christianisme, hélas! pourquoi des parents, même vertueux, tiennent-ils souvent un autre langage?...

Qu'ils méditent, du moins, ces belles et fortes paroles de Quintilien :

« *S'il est vrai*, disait-il, *que les écoles publiques soient* « *utiles aux études, mais préjudiciables aux mœurs*, JE « SUIS D'AVIS QU'UN ENFANT APPRENNE PLUTÔT A BIEN « VIVRE, QU'A BIEN PARLER, ET QU'IL DEMEURE IGNO- « RANT, S'IL NE PEUT ACQUÉRIR LA SCIENCE SANS PERDRE « LA VERTU. »

Mais après avoir fait cette déclaration solennelle, Quin-tilien ajoutait, — et je prie les pères et les mères de famille véritablement sérieux et attentifs, de bien réfléchir sur cette page de Quintilien; d'y comparer le temps où nous vivons et ses périls, et de prononcer eux-mêmes sur la grave et délicate question qui nous occupe : —

« Assurément, disait Quintilien, il y a des écoles pu- « bliques où les enfants se gâtent : mais ne se gâtent-ils « jamais dans leurs familles?... Combien d'exemples nous « prouvent que, dans la maison paternelle comme aux « écoles, un jeune homme peut également perdre son « innocence ou la sauver! Si un enfant est porté au mal, « si on a peu de soins de former ses mœurs à la vertu, « de veiller sur ses actions et de garder sa première in- « nocence, l'Éducation paternelle et les lieux les plus re- « tirés ne lui offriront pas pour le vice des occasions ou « des facilités moins funestes. Le précepteur à qui on « le confie ne peut-il pas être lui-même de mauvaises « mœurs? Cet enfant sera-t-il plus en sûreté parmi des « domestiques vicieux qu'avec des condisciples peu re- « tenus?

« Plût au ciel, ajoutait Quintilien, que l'on n'eût pas
« à nous imputer à nous-mêmes ce déréglement de nos
« enfants ! Nous amollissons d'abord leur enfance par les
« plus indignes délicatesses. Cette Éducation molle que
« nous couvrons du nom d'indulgence, énerve miséra-
« blement leur esprit et leur corps. À quoi ne porteront
« pas leurs désirs, dans un âge plus avancé, des enfants
« accoutumés à fouler des tapis somptueux ! À peine peu-
« vent-ils bégayer quelques mots, qu'ils savent déjà
« demander ce qu'il y a de plus friand et de plus exquis.
« Nous leur apprenons à goûter les bons morceaux avant
« de leur apprendre à parler : ils croissent assis dans des
« chaises voluptueuses ; et s'ils mettent les pieds à terre,
« incontinent des femmes empressées les tiennent suspen-
« dus, et les balancent nonchalamment. S'ils disent quel-
« que chose de licencieux, c'est un divertissement pour
« nous : des paroles qui ne seraient pas supportables dans
« la bouche des hommes les plus corrompus, nous font
« plaisir dans celle des enfants ; on en rit, on leur applau-
« dit, on les baise : je ne m'en étonne pas, puisque c'est
« de nous qu'ils les ont apprises, et qu'ils ne font que
« répéter ce qu'ils nous entendent dire. Ils sont témoins
« de nos passions ; ils entrevoient nos plaisirs les plus
« criminels ; ils entendent chanter autour d'eux des chan-
« sons obscènes ; des choses que je n'oserais dire sans
« rougir, sont exposées en spectacle à leurs yeux. *Tout
« cela passe bientôt pour eux en habitude, bientôt après en
« nature. Les pauvres enfants se trouvent vicieux avant
« que de savoir ce que c'est que le vice :* ne respirant que
« luxe et que mollesse, dépravés d'esprit et de corps, ils
« viennent à nos écoles. Y prennent-ils ces mœurs?..
« Non ; mais ils les y apportent. »

Ma pensée, en citant ce très-remarquable passage de Quintilien, n'est pas, certes, d'égaler les dangers de la maison paternelle à ceux de toute espèce de colléges. A Dieu ne plaise ! Je voudrais seulement éveiller chez certains parents des pensées et des inquiétudes nécessaires, dissiper chez certains autres des illusions aussi aveugles que funestes, et éclairer ceux qui consentiront à l'être.

Il est vrai et je le dois avouer ; la société dont Quintilien nous dépeint les mœurs et nous trace un si triste tableau, était une société païenne ; mais, je le demande à mon tour, la nôtre où en est-elle ? Qu'on lise ce que Fénelon écrivait de la société française et des périls de l'Éducation domestique au xviie siècle, et qu'on me dise si nous sommes aujourd'hui dans des conditions bien meilleures !

« Le fondement de tout, écrivait Fénelon, est que les pa-
« rents ne donnent à leurs enfants que des maximes
« droites et des exemples édifiants. C'est ce qu'on ne
« peut espérer que d'un très-petit nombre de familles. On
« ne voit, dans la plupart des maisons, que confusion,
« que changements, qu'un amas de domestiques qui sont
« autant d'esprits de travers, que divisions entre les
« maîtres. Quelle affreuse école pour des enfants ! Sou-
« vent des parents qui passent leur vie au jeu, à la co-
« médie ou dans des conversations indécentes, se plaignent
« d'un ton grave qu'ils ne peuvent pas trouver *un précep-*
« *teur,* une gouvernante capables d'élever leurs enfants.
« Mais qu'est-ce que peut la meilleure Éducation sur des
« enfants à la vue de tels parents, sinon les dégoûter de la
« vie sérieuse et occupée, dans laquelle ces parents eux-
« mêmes les veulent engager ? Ainsi ils mêlent le poison
« avec l'aliment salutaire. Ils ne parlent que de sagesse ;

« mais ils accoutument l'imagination volage des enfants
« aux violents ébranlements des représentations passion-
« nées et de la musique, après quoi ils ne peuvent plus
« s'appliquer. Ils leur donnent le goût des passions, et
« leur font trouver fades les plaisirs innocents. »

Voilà ce que Fénelon écrivait de son temps; voilà les
périls que l'Éducation particulière faisait courir alors à
l'innocence des mœurs. Je le demande de nouveau : nous
trouvons-nous dans des temps plus heureux? Où en sont
aujourd'hui la plupart des familles? Je ne parle pas ici des
maisons irrégulières, pleines d'agitations mondaines ou de
dissensions scandaleuses; non : je parle des meilleures.
Hélas! la famille chrétienne, elle-même, qu'est-elle devenue parmi nous? Quels secours, quelles maximes de
conduite, quels conseils d'Éducation, quels exemples pour
les enfants y peut-on espérer? Que peuvent, à cet égard,
les plus sages, les plus vertueux parents? Que peuvent-
ils, contre des frères aînés, déjà indépendants? contre
les cousins? contre les jeunes amis? contre les serviteurs?
contre les livres et les journaux? contre les feuilletons,
les romances, les chansons, les soirées, les visites, la
musique et les spectacles?

En un mot, que peuvent-ils contre la vie et la dissipation du monde qui les presse, les saisit et les domine de
toutes parts?

Voici ce que proclamait récemment, au milieu d'une
assemblée de pères et de mères de famille respectables,
dans la ville peut-être la plus religieuse de France, un
homme qui a depuis long-temps dévoué sa vie à l'Éducation de la jeunesse :

« Pour suivre l'œuvre si compliquée et si délicate de
« l'Éducation, il faudrait que le foyer fût comme une

« sorte de sanctuaire, où ne vinssent pas retentir les
« tumultes du dehors, affaires, politique, voyages, intri-
« gues, plaisirs, tous ces bruits étourdissants qui trou-
« blent les existences mondaines, et auxquels se prend,
« avec passion, l'âme avide, curieuse et active de l'enfant.
« Où sont les ménages tranquilles de nos ancêtres? où
« sont les familles rangées et patriarcales qui avaient jadis
« ces loisirs et cette paix?... Hélas! messieurs, le foyer de
« nos jours participe plus ou moins aux ébranlements et
« aux tracas de la vie publique! Jamais, peut-être,
« l'existence ne s'est compliquée de tant de préoccupa-
« tions et de sollicitudes. Ce sont les devoirs impérieux de
« l'État, les luttes de la concurrence, les soucis de l'am-
« bition, les agitations du dehors, les soins de l'intérieur,
« les relations de parenté, de plaisir ou de politesse,
« repas, visites, soirées, concerts, mille distractions qui
« s'emparent de l'esprit, mille dérangements qui se dis-
« putent les heures. Comment voulez-vous qu'un pauvre
« enfant étudie sérieusement et se développe, au milieu de
« ce tourbillon?

« Je connais, certes, et je vénère ces pures et religieuses
« familles qui ont su se préserver de la commune contagion.
« Mais forment-elles la majorité et la règle, ou ne sont-
« elles pas de belles et honorables exceptions? Combien
« y en a-t-il en dehors de celles-là où les jeunes âmes ne
« sont pas à l'abri des mauvais exemples et des impres-
« sions funestes? combien où la sollicitude vigilante d'une
« mère chrétienne gémit, sans pouvoir y porter remède,
« des mauvaises doctrines, des propos railleurs, des omis-
« sions coupables, des habitudes dépravées!

« Mais je suppose que le grand nombre des familles ait
« assez de conscience et de discrétion pour maintenir

« leur conduite et leur langage dans les limites d'une
« parfaite convenance, peuvent-elles répondre que dans
« leurs nombreuses relations d'affaires ou de politesse, il
« n'y aura jamais rien qui puisse exercer sur la nature dé-
« licate de l'enfant une dangereuse influence? On a si peu
« l'habitude de s'observer et de se gêner devant les en-
« fants ! Sous prétexte qu'ils n'ont ni la patience d'écouter,
« ni l'âge de comprendre, on parle de tout, sans précau-
« tion, en leur présence; on se permet les plus étranges
« propos, on poursuit les conversations les plus lestes,
« on n'observe aucun ménagement pour leur pudeur déli-
« cate, on n'épargne pas même leur modestie naissante;
« car on leur prodigue souvent de fades et ridicules
« éloges qui surexcitent leur vanité, bien qu'ils ne veuillent
« que flatter la tendresse maternelle.

« N'y eût-il jamais de pareils manques de convenances,
« *je demanderais encore si un salon est la place naturelle*
« *de ces petites âmes naïves, curieuses, impressionnables,*
« *sur qui tout influe; je demanderais si elles n'ont rien à*
« *perdre ou à souffrir dans cette atmosphère de luxe amol-*
« *lissant, de toilettes brillantes, de musique passionnée, de*
« *langage affecté ou adulateur.*

« Enfin, je vais plus loin, et je me pose cette question :
« les plus religieuses familles de nos jours, les mieux or-
« données, les plus austères, celles qui prendraient des
« précautions infinies pour éloigner de l'enfant tout dan-
« ger d'exemples, de langage, de lectures, de relations
« ou de plaisirs, celles-là même sauraient-elles toujours
« imprimer à ses habitudes et à son caractère cette énergie
« qui fait l'homme?... »

Ces observations portent avec elles-mêmes un caractère
de pénétration, de justesse et de vérité sensible. Et en-

core faut-il dire que celui qui les a faites s'est surtout occupé de l'Éducation publique : qu'eût-il dit s'il avait eu une égale expérience de l'Éducation particulière?

Voici ce que m'écrivait, il y a peu de jours, un précepteur du plus rare mérite, qui a consacré de longues années à l'Éducation privée et qui avait observé de très-près tous les avantages et aussi tous les périls de ce genre d'Éducation. Permettez-moi, mon cher ami, de vous citer ici un fragment de sa lettre :

« Je ne vous ai parlé que des domestiques qui gâtent,
« qui flattent, et qui, par conséquent, dépravent le carac-
« tère de l'enfant; je ne vous ai pas parlé de ceux qui le
« corrompent, bien qu'il s'en rencontre plus souvent
« qu'on ne le pense. Mais les meilleurs que j'ai connus,
« et c'était réellement d'excellents domestiques sous tous
« les autres rapports, ne manquent jamais de raconter,
« en présence d'un enfant, toutes les histoires scandaleuses
« du voisinage ; ils lui prêtent de mauvais livres : *le pré-*
« *cepteur est d'une sévérité ridicule..... tous les enfants*
« *de cet âge savent ces choses-là....*

« Les cousins et les camarades obligés, c'est-à-dire les
« enfants des amis de la famille sont encore la peste des
« Éducations particulières. Que fera le précepteur dont
« l'expérience découvre qu'un de ces enfants est cor-
« rompu et peut être corrupteur? Il avertira les parents :
« on ne le croira pas : *C'est un enfant charmant, l'inno-*
« *cence même, etc....* Si le précepteur peut fournir des
« preuves de la fâcheuse influence de l'enfant sur son
« élève, le remède arrive trop tard; le mal est consommé.
« Rappelez-vous ce que disait en votre présence Mon-
« sieur le comte de *** : Nous étions un petit nombre
« d'enfants des meilleures familles, ayant chacun notre

« précepteur, et nous nous trouvions souvent réunis. On
« nous croyait tous de petits saints, et cependant, il en
« était parmi nous qui s'érigeaient en professeurs d'im-
« moralité.

« Je cherche à recueillir mes souvenirs, et je ne me
« rappelle pas un seul enfant, parmi ceux avec lesquels je
« me suis trouvé en rapport dans le cours de quinze
« années, qui n'ait eu au moins un cousin franc mauvais
« sujet. »

Certes, je ne m'étonne pas que M. de Bonald, cet esprit
si élevé, si fin, si pénétrant, qui avait tant observé la
famille et les mœurs domestiques parmi nous, ait écrit sur
ce même sujet la page suivante, où la grâce et la légèreté
du style ne font que mieux ressortir la gravité et la profondeur des choses :

« Les enfants seront donc plusieurs années dans les
« colléges, et je crains encore qu'ils n'en sortent trop
« tôt (1).

« Je voudrais, et pour cause, que l'Éducation se pro-
« longeât jusqu'à la 17ᵉ ou 18ᵉ année, moins pour orner
« l'esprit que pour former le cœur et veiller sur les sens,
« et que cette époque critique se passât dans la distrac-
« tion, le mouvement et la frugalité du collége, plutôt
« que dans l'oisiveté, les plaisirs et la bonne chère du
« monde... Ils sont dans le collége, bien moins pour
« s'instruire que pour s'occuper.

« Que saura donc le jeune homme sortant du collége ?
« Rien ; pas même ce qu'il y aura étudié : car on ne sait
« rien à dix-huit ans. Mais il aura appris à retenir, appris

---

(1) On comprend, et il est manifeste que M. de Bonald, posait la
question comme je l'ai posée moi-même, et qu'il ne parlait que d'un
bon collége.

« à comparer, appris à imaginer, appris à distinguer,
« appris à connaître l'amitié et à savoir diriger ses affec-
« tions naturelles et sociales, appris à réprimer son hu-
« meur, à modérer ses saillies, appris à faire usage de ses
« forces, appris à occuper son esprit, son cœur et ses sens,
« appris à obéir surtout, appris enfin... à tout apprendre.

« Le jeune homme élevé dans la maison, sous les yeux
« d'un instituteur vigilant et vertueux, *comme on en trouve,*
« et de parents exemplaires, *comme il y en a tant,* saura
« beaucoup plus ; il saura ce qu'on ne lui aura pas appris,
« et même ce qu'on n'aura pas voulu lui apprendre ; il
« aura eu *toutes sortes* de maîtres ; il aura dans la tête
« beaucoup de jolis vers ; il saura déclamer quelque scène
« de Racine dont il comprendra l'*intention,* sans en sentir
« les beautés ; il aura collé des plantes et cloué des papil-
« lons, et se croira des connaissances de botanique et
« d'histoire naturelle : mais il n'aura ni jugement, ni ima-
« gination ; il aura peut-être des attaques de nerfs, et
« n'aura pas de sensibilité ; il aura des passions et n'aura
« pas des sens. »

Que conclure de tant de témoignages, de ces autorités
si graves, de ces expériences si décisives ?

Sans dire ici mes expériences personnelles, — vous com-
prenez les délicatesses profondes qui me le défendent, —
permettez-moi au moins de tirer les graves conséquences
de tout ce que vous venez de lire.

De tout cela, il résulte manifestement que l'Éducation
particulière elle-même n'est pas sans de grands périls pour
la vertu ; qu'on se fait à cet égard les plus étranges et les
plus déplorables illusions ; et que l'Éducation privée, qui
laisse dans le monde, est souvent une Éducation publique
très-dangereuse ; tandis que l'Éducation publique qui sé-

pare sagement du monde, est, à proprement parler, la bonne Éducation privée.

Ah! je le sais, et je le redis, il faut un bon collége; car si le collége est mauvais, c'est effroyable : mais on peut trouver un bon collége aujourd'hui plus qu'on ne le pouvait il y a quelques années. La loi nouvelle et la liberté qu'elle donne font qu'à l'heure où je parle, sans compter cent Petits-Séminaires accessibles désormais à toutes les familles chrétiennes, il y a déjà près de quatre-vingts maisons de plein exercice, entre lesquelles les parents éclairés et vertueux peuvent choisir celle qui convient le mieux à l'Éducation de leurs enfants.

Quant à la maison paternelle, dans l'état actuel des mœurs, l'enfant y sera presque toujours médiocrement ou mal élevé.

S'il y est trop tenu, l'ennui, l'isolement, le marasme, peut-être le développement solitaire des plus mauvais penchants, éteindront son Éducation intellectuelle et morale; et s'il n'est pas assez tenu, la dissipation corrompue du monde ne tardera pas à lui communiquer sa funeste contagion.

Si vous voulez bien comprendre, mon cher ami, les difficultés, je dirais presque les impossibilités d'une bonne Éducation privée pour former les mœurs de l'enfant, rendez-vous compte, dans la pratique, de quelques-unes des conditions qu'il faudrait réunir pour cela :

Il faudrait que l'intérieur de la famille fût, pour tout le temps de l'Éducation, un asile inviolable où l'enfant pût grandir et s'élever dans la science et dans la vertu, sous l'heureuse influence des soins et des exemples paternels et maternels!

Il faudrait une famille qui se consacrât entièrement à la

vie intérieure, et qui, ne donnant rien au monde et au plaisir, donnât tout son temps, tous ses soins au travail sérieux, à l'étude et à l'Éducation de ses enfants! Où cela est-il? La nature des hommes et des choses, l'état de la société et des mœurs permettent-ils qu'il en soit ainsi? l'ont-ils jamais permis?

J'admets que l'on rencontrât quelques rares familles où cette vie fût possible, cela ne suffirait pas.

Il faudrait encore qu'une loi de sagesse et de circonspection, de gravité et de vertu constante fût imposée à tous ceux qui s'approchent de l'enfance, et lui doivent par conséquent des leçons et des exemples : il faudrait une loi dont les plus sages parents et les plus vertueuses familles ne peuvent plus maintenir le respect! Combien de fois, même pour ces premières et très-jeunes années, pendant lesquelles l'Éducation de l'enfant se fait nécessairement au foyer domestique, combien de fois n'ai-je pas entendu des mères chrétiennes gémir de ne pouvoir suffire à protéger leurs enfants contre le péril des discours imprudents et des mauvais exemples!...

En effet, choisir avec une sévère discrétion les objets qui, les premiers, frapperont les regards de cet enfant, fixeront son attention et exerceront la sensibilité de son cœur; éloigner tout ce qui lui offrirait des pensées, des images, des souvenirs, des modèles, des discours, des impressions funestes, voilà quelle devrait être l'Éducation domestique!... Et voilà malheureusement ce qu'elle n'est pas, ce que, le plus souvent, elle ne peut pas être parmi nous. Hélas! on s'est depuis trop long-temps exercé à tout mépriser, à tout profaner, pour qu'on respecte encore l'enfance. Le respect de l'enfant, où est-il ce qu'il doit être? on n'y pense seulement pas! Que dis-je? On pense, on proclame, on préconise le contraire. *Il faudra bien qu'il sache ces choses-là tôt ou tard,* disent les oncles, les frères aînés, pour excuser leur conduite et leurs discours.

Après vous avoir indiqué ce qui me paraît être de la plus absolue nécessité pour la bonne Éducation morale de l'enfant, laissez-moi vous exprimer familièrement ma pensée, mon cher ami, sur ce qui s'y oppose ; je ne serai ni long, ni sévère : si vous me permettez même de donner à ma pensée la forme la plus sensible et la plus simple et de tout réduire à un mot, je me bornerai à vous dire que le *salon,* chose autrefois inconnue, ne le permet plus.

Oui, le *salon !* Sans faire au siècle une guerre plus sérieuse, sans chercher des difficultés plus graves, sans m'élever plus haut, sans entrer dans d'autres détails, et afin, d'ailleurs, d'être fidèle à la réserve que je me suis imposée, je ne ferai que soulever ce coin du voile, et je dirai simplement que les lectures, les peintures, les conversations, les plaisirs, les concerts, les visites, les spectacles du salon, c'est-à-dire la vie du monde, telle qu'elle est faite aujourd'hui, ne le permet plus !

Non : une maison troublée, bon gré, mal gré, par toutes les émotions du dehors, par le tumulte des passions et des affaires, qui vient se joindre au tumulte des plaisirs, par tous ces bruits étourdissants dont les meilleurs esprits sont agités, non, une telle maison ne pourra jamais être le sanctuaire des études et de l'Éducation !

Est-ce qu'on est libre de fermer sa porte à tout cela, à ceux-ci et à celles-là?... c'est difficile, me répondra-t-on. Mais si on ne peut fermer sa porte à tous ceux qui viennent y frapper, et éloigner du foyer domestique les agitations du dehors et le monde, on peut, du moins, avoir des jours et des heures réservées, et éloigner les enfants au moment où le monde et ses agitations envahissent le salon.

Oui : cela est absolument possible, et on doit le faire, et je loue ceux qui le font. Mais cela a de graves inconvénients. Pour la plupart des grandes maisons, pour celles-là même où se rencontre le plus fréquemment l'Éducation particulière, c'est à peu près tous les jours qu'il faudrait condamner les enfants à l'éloignement du salon, au moment où le monde et les plaisirs y arrivent. Mais, encore un coup, cela même n'est pas sans difficultés ; car ce monde, ces plaisirs dont on éloigne l'enfant au moment où ils apparaissent, croit-on que l'apparition en soit pour lui sans danger, et que le sacrifice en soit toujours si facile ? Non, non : ces pauvres enfants les entrevoient ces plaisirs, les regrettent et les désirent au moment même où vous les en éloignez ! Ces regards fugitifs, ces regrets impuissants, ces désirs trompés, sont quelquefois pour eux un supplice ; je ne sais rien de plus funeste, rien de plus capable d'exciter leurs passions naissantes.

Vous avez beau leur dire : *Des enfants doivent se coucher de bonne heure ;* de bonne foi, ne comprenez-vous pas, ne sentez-vous point quel chagrin c'est et ce doit être pour eux, de se retirer au moment même où la maison paternelle va devenir plus gaie, plus animée, plus brillante que jamais, et offrir une scène plus curieuse et plus vive à leurs yeux et à tous leurs sens !..

On le voit : j'entre ici dans les détails pratiques les plus humbles : mais c'est là vérité des situations. Je pourrais m'en prendre à des faits plus solennels et plus sérieux en apparence : je m'attache à dessein à ce qui paraît si peu de chose : que serait-ce donc, si je parlais de tout le reste de la vie mondaine? Mais non; le coucher des enfants, et les regrets, quelquefois le désespoir et les larmes qui l'accompagnent chaque soir, me suffisent.

Dans l'Éducation publique, au contraire, le coucher, pour eux, c'est une joie. Ils ont joué, travaillé, marché tout le jour : ils sont enchantés d'aller dormir et se reposer. D'ailleurs, au Collége ou dans un Petit-Séminaire, tout le monde se couche et dort en même temps; toutes les lumières sont éteintes à la même minute, et elles éteignent, elles endorment tous les regrets avec elles. Mais dans les familles, on illumine au moment où on éloigne les enfants. Dans ce moment-là même, ils voient arriver chez vous, avec tout le fracas de la vanité triomphante, vos amis, jeunes et vieux, tous ces hommes du monde, toutes ces femmes revêtues de cette élégante corruption dont Fénelon voulait qu'on inspirât l'HORREUR aux enfants, oui, l'HORREUR, c'est le mot dont il se sert, lui, cet homme si doux et si modéré. Ils entrevoient tout cela; ils le goûtent avec avidité; c'est un charme, un saisissement profond, quelquefois un enivrement; et c'est à ce moment qu'on les éloigne! et c'est là-dessus qu'on les envoie faire leur prière du soir, leur examen de conscience, et se coucher; et on veut que le tout soit pour eux sans regrets, sans désirs, sans pensées funestes, sans mauvaises espérances pour un autre avenir! mais vous n'y pensez pas!..

Hier même, je recevais la visite d'un magistrat qui me racontait l'histoire d'un pauvre enfant de douze ans, jeune homme aujourd'hui ruiné et presque déshonoré, lequel, élevé comme je viens de le dire, disait tout bas, pendant qu'on le tenait à genoux et qu'on lui faisait faire sa prière du soir, et qu'il enrageait : *Ah! quand j'aurai dix-huit ans, je sais bien ce que je ferai!*

Ou bien, si vous ne recevez pas chez vous ce jour-là, vous allez chez les autres. Vos enfants vous voient partir. Vous allez au spectacle, au bal : jamais vous n'avez eu l'air plus brillant, plus heureux. Que vous ne le soyez pas au fond, c'est ce qui importe peu : vous en avez l'air. Votre enfant n'a pas, comme vous, l'expérience de la vie, pour savoir ce que cela vaut, et ce que cela cache. Vous avez beau le baiser au front et lui dire : *les enfants ne vont pas au spectacle; tu iras quand ton Éducation sera finie* : outre qu'il ne comprend guère comment il ne peut aller s'amuser là où vont ses parents, vous sentez quel goût cela lui donne instinctivement pour son précepteur et son Éducation.

Il va donc se coucher sur cette joyeuse séparation; et le lendemain il vous retrouve à déjeuner, où vous parlez de ce que vous avez fait, de ce que vous avez vu, de ce que vous avez entendu, la veille, au spectacle ou dans le monde. Il entend son frère ainé ou ses beaux-frères vanter le charme des acteurs, la grâce des actrices, le ravissement de tout ce qui s'est passé : et vous voulez que ses thèmes et ses versions, le grec et le latin, le précepteur et le catéchisme, l'Éducation et la vertu, ne lui paraissent pas singulièrement fades et pâles, disons le mot, ridicules et odieux, comparés à des enchantements dont il voit son père, sa mère, ses frères, ses sœurs et toute sa famille enivrés!

Non, non : il ne faut pas demander aux enfants une sagesse, des sacrifices et des vertus dont on n'est pas capable soi-même, et dont on ne leur donne pas l'exemple! Et c'est ce que fait perpétuellement l'Éducation privée.

Il ne faut pas attendre que les enfants estiment comme bon, digne, important, ce qu'ils voient négligé, méprisé dans leurs familles; et qu'ils regardent comme vain ou dangereux, ce dont leurs parents parlent sans cesse, et quelquefois avec transport.

Je sais bien que, pour adoucir l'austérité de leur Éducation, on a imaginé les bals d'enfants : faut-il, ici, dire pleinement ma pensée ?... ce sera, du moins, mon dernier mot. Oui : il est vrai, les bals d'enfants sont la grande consolation et la joie de l'Éducation privée. Mais pour moi, je dois l'avouer, ils me consolent peu et me rassurent encore moins !

Je l'ai déclaré souvent : je n'aime pas qu'on arrache trop tôt un enfant à sa mère, et qu'on le livre, avant le temps, à l'Éducation publique ! Mais si l'on continue à faire, en 1852 comme en 1851, des bals d'enfants pour les nourrices et les enfants de dix mois, je demanderai que l'Éducation publique commence à six mois au plus tard, et que désormais les enfants soient éloignés de la maison paternelle en naissant !

Sérieusement, quand se décidera-t-on à respecter ces âmes immortelles et à renoncer à toutes les indignités par lesquelles on les profane !...

J'en ai dit assez, peut-être trop sur tout cela, mon cher ami : je ne le regretterai pas, si j'ai pu inspirer quelque réflexion sérieuse à ceux dont les intérêts me touchent si profondément.

† FÉLIX, *Évêque d'Orléans.*

QUATRIÈME LETTRE.

MON CHER AMI,

Il me reste à vous soumettre quelques réflexions quant
au gouvernement même de l'Éducation, c'est-à-dire quant
à *l'autorité et au respect*, qui doivent en être l'âme. Ce que
j'ai dit sur ce sujet dans les deux premiers livres de mon
premier volume, me dispense d'entrer ici dans le détail.
Je serai très-court.

L'Éducation est une œuvre d'autorité et de respect :
L'autorité et le respect sont-ils possibles dans l'Éducation
privée? Je ne le crois guère; et toutes les raisons, toutes
les expériences, toutes les autorités que j'ai alléguées jusqu'ici semblent trop démontrer le contraire. J'en donnerai
quelques raisons plus décisives encore.

Ce que je dois dire d'abord, quant à la direction générale de l'Éducation, c'est que le plus souvent il n'y en
a pas, et il ne peut y en avoir dans l'Éducation privée.

En effet, le précepteur nuit à l'autorité des parents, et
les parents, de leur côté, ne laissent presque jamais in-
tacte l'autorité du précepteur.

Et j'ajoute qu'ils ne peuvent guère lui laisser cette autorité. Comme l'enfant est dans l'intérieur de la famille,
sous les yeux de son père et de sa mère, il faut nécessairement qu'il leur demeure soumis en toutes choses. Le
père et la mère sont toujours là avec leur autorité présente; ils doivent donc présider toujours, reprendre au
moins quelquefois, et décider souvent.

Il ne peut en être différemment ; car cela est dans l'ordre, cela est naturel : autrement les parents abdiqueraient, et ils ne le peuvent sans manquer à un devoir sacré.

Dans toutes les contestations, l'enfant sent donc qu'il a contre son précepteur un recours légitime, immédiat, constant, *et qui lui est naturellement favorable.* De là que de difficultés !

Même quand les parents donnent raison au précepteur, ils diminuent, ils abaissent son autorité.

Ils lui donnent aujourd'hui raison ; donc ils peuvent lui donner tort : c'est ce que l'enfant espère pour le lendemain ; et s'ils lui donnent toujours raison, bien qu'il ne l'ait pas toujours, le précepteur devient odieux, et les parents sont moins aimés.

Mais s'ils lui donnent tort une fois, le mal est sans remède. L'enfant ne l'oubliera jamais : il sait qu'il ne lui faut plus désormais que de l'habileté et de la persévérance pour bientôt l'emporter toujours et faire congédier le précepteur. Il n'y manquera pas.

Au collège, les situations ne se ressemblent point : l'enfant peut être congédié lui-même, et ne fait congédier personne. L'enfant n'est pas chez lui ; il sent que l'autorité de ses instituteurs est entière ; il y a là tout un gouvernement, tout un système régulier, où tout se soutient fortement.

Au collège, il est simple et nécessaire que les parents, sans abdiquer leur autorité, la confient toute entière. Ils sont éloignés : il y a donc nécessité que d'autres les remplacent et exercent cette autorité avec une grande plénitude.

Dans l'intérieur de la famille, au contraire, je viens de le montrer, il est moralement impossible qu'il en soit ainsi. Aussi, je ne connais guère qu'une manière de constituer l'Éducation privée. Il faut que les parents soient les instituteurs, les gouverneurs de leurs enfants ; qu'ils en demeurent complètement et constamment chargés ; que, non-seulement ils président à leur Éducation, mais qu'ils la fassent eux-mêmes ; que le précepteur soit un simple professeur qui vient, soit du dehors, soit du dedans, donner les leçons, et qui ne se mêle pas du reste.

Oh ! alors, si le père et la mère ont le temps et le mérite suffisants, le système est possible ; il peut même, *tel père* et *telle mère étant donnés*, être très-bon, admirable, du moins sous le rapport de la direction générale de l'Éducation, et au grand point de vue de l'autorité paternelle et du respect filial.

Mais, dans l'Éducation particulière, telle qu'elle se fait généralement, là où le précepteur n'est pas un simple professeur, je place en première ligne des graves inconvénients qui s'y rencontrent, l'intervention perpétuelle et nécessaire du père et de la mère, quelque habile, quelque sage, quelque modérée que soit cette intervention ; parce qu'elle nuit à l'autorité du précepteur et détruit l'unité de direction, sans laquelle on ne peut réussir dans une Éducation quelconque.

Mais les parents ne peuvent-ils donc pas s'entendre avec le précepteur? Non, me répondait un jour un de mes amis, parce que dans ces cas-là, s'entendre avec un précepteur signifie ordinairement que le précepteur fera toujours tout ce que voudront les parents.

Or, il vaudrait bien mieux un précepteur d'une habileté médiocre, mais à qui on laisserait une véritable autorité pour diriger l'Éducation, que le plus habile obligé de s'entendre avec les parents, c'est-à-dire, obligé de faire souvent des concessions regrettables à des parents qui ne s'y entendent pas, et, il le faut ajouter, à des parents qui souvent ont des vues différentes et ne s'entendent guère entre eux.

Trois défauts particuliers résultent de l'intervention perpétuelle et de la direction des parents, qui n'ont point étudié et ignorent la *science* de l'Éducation : science, du reste, que chacun croit posséder naturellement, quoiqu'elle soit peut-être la plus rare de toutes les sciences.

Je me bornerai à indiquer ces défauts :

1° *Trop d'exigence et de sévérité.* — C'est assez fréquent : on demande à l'enfant un travail excessif, et cela dès ses plus tendres années. Son intelligence et son courage pour le bien s'y épuisent.

2° *Trop de faiblesse et de laisser-aller.* — Alors le travail est nul.

Cette disposition est la plus commune chez les parents. Tous disent : Je ne gâte pas mes enfants; je veux qu'ils travaillent. Presque tous les gâtent dans la pratique, et en fin de compte les enfants ne font rien.

3° *Une distribution peu judicieuse des récompenses et des châtiments.* — C'est presque inévitable, quand il y a tout à la fois, pour décider les châtiments ou les récompenses, un père, une mère et un précepteur ; et encore je suppose qu'il n'y a ni grand-oncle, ni grand'mère qui s'en mêle. Rien n'est pire : l'enfant, alors, n'a plus une idée juste du bien et du mal. Ce n'est plus pour lui qu'une chose arbitraire, qui dépend du caprice et de la disposition du moment. Qu'on y prenne garde : il y a là de quoi fausser son jugement et gâter son cœur, souvent pour toute la vie. L'enfant devient flatteur, cajoleur, hypocrite, et, au lieu de faire le bien, il fait des grimaces.

Tout ceci avait été particulièrement observé par M. de Bonald :

« L'Éducation domestique est dangereuse, écrivait-il, « parce que les parents, exigeants, s'ils sont éclairés, « faibles, s'ils ne le sont pas, voient trop ou ne voient « pas assez les imperfections de leurs enfants, et con- « tractent ainsi, pour toute leur vie, des préventions « injustes ou une mollesse déplorable. Cette observation « est extrêmement importante. »

L'Éducation privée fait donc presque toujours, sous une forme ou sous une autre, des enfants gâtés, parce qu'il s'y rencontre presque toujours trop de sévérité ou trop d'indulgence.

On gâte ceux qu'on aime trop, et auxquels on ne demande pas assez ; et on gâte aussi ceux que l'on n'aime pas assez ou qu'on aime mal, et auxquels on demande trop.

Au collége, il n'en saurait être ainsi. Le travail ne peut être excessif, puisque les heures d'étude et de récréation sont invariablement fixées, etc.

Les récompenses et les punitions sont appliquées d'après des règles générales, sans acception de personnes.

On l'a dit, et il est vrai : le collége est le noviciat du monde. Tous les élèves y sont égaux devant la règle ; à chacun selon ses œuvres. Il n'y a là ni grand seigneur, ni riche, ni pauvre : mais des élèves qui ont des talents, des succès, de la régularité ; et d'autres incapables ou indociles.

Aussi, au collége, point d'enfant gâté. Un enfant n'y trouve, ni dans ses camarades, ni dans ses maîtres, des complaisants pour ses défauts ; et son caractère, nous l'avons vu, s'y forme nécessairement par un frottement perpétuel avec d'autres caractères.

Je n'ai parlé jusqu'ici que de l'intervention des parents : je n'ai rien dit de l'intervention à peu près inévitable des domestiques : il faut bien en dire quelque chose pourtant.

Et veuillez bien le remarquer, mon cher ami : je ne parle pas ici des mauvais domestiques, qui prennent à tâche de détourner un enfant de ses devoirs; encore moins de ceux qui le corrompent. Non, je ne parle que des domestiques estimables, dévoués, attachés, comme on en rencontre encore quelquefois dans des familles respectables : je parle des *domestiques de confiance.* Eh bien! voici quelle est généralement leur règle. Si le précepteur n'est pas avec eux plus que poli, ils ne manquent pas une occasion, à bonne ou fâcheuse intention, de mettre la division entre lui, son élève et les parents. Ils cachent les fautes de l'enfant; ils l'excitent sous main à la désobéissance. Une femme de chambre favorite, une ancienne *Bonne* va conter à l'oreille de la mère les tribulations, les punitions trop sévères du pauvre enfant, avec additions et commentaires. La mère, dont le cœur n'est déjà que trop sensible, saisit cette occasion de se plaindre au précepteur *de sa rigueur, juste en elle-même,* dit-elle, *mais excessive dans le cas présent.* Si l'élève l'apprend, et il est rare qu'il ne l'apprenne pas par l'indiscrétion intéressée de la femme de chambre, l'autorité du précepteur est perdue sans ressource; il faut de toute nécessité quitter bientôt la place.

Le nouveau précepteur est vaincu par avance, à moins qu'il ne change tout ce qu'a fait son prédécesseur, et ne réédifie l'Éducation sur un nouveau plan. On le trouve quelque temps admirable, parce qu'il fait autrement que celui qui est parti : mais bientôt, s'il veut accomplir sérieusement son devoir et faire sentir son autorité, les plaintes recommencent : *c'est toujours la même chose, dit-on, ils sont tous plus singuliers les uns que les autres.*

Aussi la plupart des précepteurs cessent bientôt de lutter contre cette déplorable intervention. Ils comprennent que leurs efforts pour la neutraliser auraient plus d'inconvénients que d'avantages réels, et ils sacrifient le grave intérêt de l'Éducation à leur repos. Les plus consciencieux s'éloigneront, et les autres feront pis, car ils demeureront et laisseront l'enfant devenir ce qu'il pourra. On comprend ce qu'il deviendra en effet.

Ce qu'il y a de plus malheureux, c'est que tout cela est à peu près inévitable; tout cela est naturel; je dirai presque : tout cela est en quelque manière excusable, mais tout cela n'en est pas moins funeste. L'enfant qui naît de là, est toujours parfaitement égoïste, sans droiture, sans affection, sans respect. Et si plus tard il ne développe pas les plus grands vices, c'est qu'il avait reçu du ciel une nature bien heureuse et sans mauvaise disposition : phénomène fort rare!

Je m'arrête enfin, mon cher ami; j'ai dit à peu près toute ma pensée sur la grande question qui vous préoccupait. Je ne veux plus que vous indiquer l'importante conclusion pratique nécessaire à tirer de ces réflexions.

Ce sera le sujet d'une cinquième et dernière lettre.

† FÉLIX , Evêque d'Orléans.

CINQUIÈME ET DERNIÈRE LETTRE.

Mon cher ami,

Je l'ai dit en commençant, et j'y reviens pour le redire ici avec plus de force :

La grave question qui nous occupe ne peut être posée entre la bonne Éducation particulière et la mauvaise Éducation publique, entre la famille chrétienne et le collége impie.

L'isolement de l'enfance a, sans doute, les plus graves inconvénients; mais qui ne préférerait cet isolement à la société de condisciples corrompus et corrupteurs, et à l'épouvantable puissance de perversion qui se trouve dans une école d'immoralité?

Aussi, je le déclare de nouveau : je suppose essentiellement un bon collége, où la religion et les mœurs fleurissent à l'égal des études; je suppose des maîtres vertueux et dévoués, qu'ils soient laïques ou ecclésiastiques; je suppose une vigilance paternelle, une discipline religieuse, des études saines, des mœurs pures; je suppose, en un mot, tout ce qui constitue une bonne, une véritable maison d'Éducation.

Autrement, je n'ai rien dit, et il faut déchirer mes lettres.

Sans doute, l'Éducation particulière a ses dangers, même pour la vertu, même pour les mœurs : et je ne les ai pas dissimulés; mais le mauvais collége n'offre-t-il pas l'effroyable certitude d'une corruption immédiate, profonde, affreuse, et le plus souvent irrémédiable?

Sans doute aussi, l'Éducation publique a de grands avantages, quant au développement de l'esprit et des facultés intellectuelles; mais à une condition : c'est que l'intelligence y demeurera en possession de sa vigueur naturelle et ne sera pas obscurcie, hébétée, stupéfiée par le vice !

Sans doute enfin, dans l'Éducation particulière, l'autorité et le respect souffrent bien souvent : mais qui pourra dire où l'on en est, à cet égard, dans un mauvais collége, et jusqu'où y va le mépris public de l'autorité et l'abaissment des maîtres chargés des fonctions les plus importantes de l'Éducation?

En un mot : j'ai dit que l'Éducation publique avait plus de puissance pour éveiller et exciter toutes les facultés; mais n'est-il pas manifeste qu'un régime plus excitant n'est bon qu'autant que les aliments sont sains, et que tous les avantages de l'Éducation publique s'évanouissent, ou se retournent contre elle, si les jeunes âmes dont les facultés y sont plus éveillées et plus excitées, n'y reçoivent, pour aliment, que le mensonge, l'orgueil et le vice, au lieu de la vérité, de la sagesse et de la vertu?

Il ne suffit donc pas, mon cher ami, d'avoir bien résolu la question spéculative; il faut bien résoudre aussi la question pratique, et choisir un bon collége : et c'est le grand et difficile devoir des parents. Il le faut cependant avouer, l'accomplissement de ce devoir est aujourd'hui devenu plus facile.

L'amélioration de l'Éducation publique ne pourra sans doute s'accomplir que lentement, mais du moins cette grande œuvre est commencée. Déjà, comme je l'ai dit, grâces à une loi plus favorable, un assez grand nombre d'excellentes Institutions s'élèvent sur divers points de la France. Les Petits-Séminaires sont affranchis, et les regards des familles chrétiennes peuvent se tourner enfin librement vers ces pieuses maisons! Les pères et les mères ne pourront donc plus désormais s'en prendre qu'à eux-mêmes, s'ils choisissent mal.

C'est sur quoi je veux insister en finissant :

On l'a dit, et il est vrai : parmi tous les devoirs que la haute autorité, qui est en eux, impose à un père et à une mère, il n'en est point de plus grave que le devoir de choisir comme il faut la maison d'Éducation où ils placeront leur fils, et les instituteurs auxquels ils confieront une partie de cette sainte autorité, et qu'ils associeront par là même à leur sollicitude, à leur responsabilité personnelle.

Il est manifeste que ce choix est tout à la fois le devoir sacré et par là même le droit supérieur de l'autorité paternelle et maternelle. Non : jamais un père et une mère ne s'appliqueront trop attentivement, trop religieusement à un choix qui intéresse et qui engage d'une manière si sérieuse et si décisive leur conscience et leur cœur, leur bonheur et leur honneur.

Il y va de tout pour eux et pour leurs enfants; et je leur dirai volontiers à ce sujet ce que Platon disait autrefois à ses contemporains dans un langage d'une familiarité vraiment sublime :

« Que votre cordonnier soit mauvais ouvrier et vous
« fasse de mauvaises chaussures, ou qu'il se donne pour
« cordonnier sans l'être, vous n'en éprouverez pas grand
« dommage; mais que les instituteurs de vos enfants ne le
« soient que de nom, ne voyez-vous pas qu'ils entraîneront

« votre famille à sa ruine, et que d'eux seuls dépendent
« votre conservation et votre bonheur (1) ! »

Voilà pourquoi je n'hésite pas à dire qu'il y a pour un
père, pour une mère, le droit et le devoir antérieur à
tout, de connaître parfaitement, personnellement, s'il se
peut, ceux qui seront chargés d'élever leurs enfants.
Comme le disait autrefois Platon, ils doivent leur demau-
der : Qui êtes vous ? d'où venez-vous ? êtes-vous de véritables instituteurs ? quels sont vos titres à notre confiance ?
quelle est votre vie ? quelles sont vos œuvres ? quelle a été
votre jeunesse ? qui vous a formés, quels ont été vos
maîtres ? quelle est votre intelligence, votre sagesse, votre
instruction, votre prudence, votre fermeté, votre caractère, et surtout quel est votre dévouement ? quel est votre
amour pour la jeunesse et pour l'enfance ? quelle est votre
religion, votre foi, votre vertu ? êtes-vous meilleurs que
nous ? vous le devez être : car vous devez avoir ce qui nous
manque à nous-mêmes pour achever l'Éducation de nos
enfants.

Je m'attends qu'on me trouvera ici bien pressant, bien
exigeant : et toutes ces questions paraîtront peut-être
même d'une indiscrétion offensante.

C'est ainsi cependant que l'entendait autrefois la probité
et la sagesse païenne, j'ai nommé Platon ; voici ses propres paroles :

« Dites-nous donc quel est le meilleur maître que vous
« ayez rencontré dans le grand art d'élever les jeunes
« gens ? Avez-vous appris de quelqu'un ce que vous savez
« à cet égard, ou l'avez-vous trouvé de vous-même ? Si
« vous l'avez appris, dites-nous quel a été votre institu-

(1) PLATON, *Rép.*, liv. IV.

« teur, et quels sont ceux qui donnent ces leçons, afin
« que si les affaires pnbliques ne nous en laissent pas à
« nous-même le loisir, nous allions à eux, et qu'à force
« de présents ou de prières, ou par ces deux moyens à la
« fois, nous les engagions à prendre soin de nos enfants,
« de peur que s'ils viennent à se corrompre, ils ne dés-
« honorent leurs aïeux. Que si vous avez trouvé cet art,
« de vous-même, voyons vos preuves ; citez-nous ceux que
« vous avez formés par vos soins à la vertu et à la sagesse ;
« mais si vous commencez aujourd'hui pour la première
« fois à vous mêler d'Éducation, prenez garde, car ce
« n'est pas sur des esclaves que vous faites votre coup
« d'essai, mais sur nos enfants (1) ! »

Telle était l'opinion du philosophe athénien : et, certes,
il n'exagérait pas ; car, en un tel choix, il n'y a pas de
négligence possible, sans s'exposer aux plus grands malheurs.

Que les pères et mères de famille me permettent de le
leur dire : rien ne peut être ici donné au hasard, rien ne
doit se faire à l'aventure : agir ici par habitude, choisir
par caprice ou par entraînement, décider à la légère, quand
c'est la plus grave des affaires et le plus saint des devoirs
dont il est question, serait inexcusable !

Oui ! un père, une mère, qui ont compris la grandeur
de l'autorité que Dieu a mise en eux, et l'immense responsabilité qui pèse sur leur âme, doivent ici avoir un zèle et
une vigilance sans bornes, et multiplier tous leurs soins.
Il faut qu'ils s'informent, qu'ils consultent, QU'ILS VOIENT
PAR EUX-MÊMES. S'ils ne veulent pas demeurer au-dessous
de ce que demandait autrefois le paganisme, ils ne peuvent

____

(1) PLATON, *Lachès*, paroles de Socrate.

donner leur confiance et livrer leurs enfants qu'après avoir fait humainement tout ce qui dépendait d'eux pour trouver non-seulement de bons instituteurs, MAIS LES MEILLEURS, mais les plus dignes. Et qu'on le remarque bien ; les plus dignes, non-seulement par la science, mais surtout par la vertu, par la gravité, je ne dis pas assez, par la sainteté des mœurs.

J'exagère peut-être : non, encore un coup, je ne demande rien que ce que demandaient les païens ; et voilà pourquoi je mets du prix à citer tant d'autorités profanes.

Quintilien voulait expressément qu'un père et une mère ne choisissent pour l'instituteur de leur fils qu'un homme d'une vertu, d'une sainteté consommée : *Præceptorem eligere* SANCTISSIMUM.

C'est leur soin capital, ajoutait-il, jamais ils n'y mettront trop de zèle et de prudence.

Et quant à l'école, à l'institution, au collége, si l'on veut, qui devait être choisi, Quintilien n'hésite pas : Il faut préférer la maison où règne la discipline la plus sévère et la plus parfaite : *Et disciplinam quæ maximè severa fuerit.*

Pline entrait à cet égard dans des détails curieux. Ses recommandations sont vraiment dignes d'être méditées. Il déclarait qu'un père et une mère ne doivent pas se contenter de cette réputation facile de vague moralité dont il est si aisé et si commode de jouir dans le monde.

La vie des hommes, disait-il, a quelquefois de tristes profondeurs et des retraites cachées : *Vita hominum altos recessus latebrasque habet.* C'est là qu'il faut pénétrer.

Un père et une mère ne doivent pas fixer leur choix sur les instituteurs de leurs enfants, sans avoir exploré ces profondeurs inconnues, et SANS TOUT SAVOIR.

Et cela est plus important encore, si on vit à une époque

de relâchement et de licence dans les mœurs publiques, selon l'énergique expression de Pline : *In hâc licentiâ temporum.*

Pline adressait ces conseils à une dame romaine qui l'avait consulté sur le choix d'un instituteur pour son fils, et il achevait sa lettre par ces admirables paroles : *Avec l'aide du Ciel, confiez cet enfant à un homme qui lui enseigne avant tout les bonnes mœurs, puis après l'éloquence, laquelle, sans les bonnes mœurs, n'est qu'une mauvaise science.*

Un père et une mère, en s'occupant de ce choix, ne doivent donc céder à aucune vaine considération publique ou particulière, à aucune sollicitation intéressée, à aucune importunité, de quelque part qu'elle vienne.

« Quel mépris, disait le sage Plutarque, ne méritent pas
« ces parents qui, par une négligence coupable, ou du
« moins par une ignorance bien funeste, confient leurs
« enfants à des maîtres qui n'en ont que le nom, et qu'ils
« ne se donnent pas la peine d'éprouver ! Encore sont-ils
« moins blâmables lorsqu'ils le font par ignorance ; mais
« ce qui est le comble de la folie, c'est que souvent,
« quoique avertis par des personnes éclairées de l'incapa-
« cité et de la mauvaise conduite des maîtres qu'on leur
« propose, ils ne laissent pas de les prendre, entraînés par
« les caresses perfides de leurs flatteurs ou par les sol-
« licitations imprudentes de leurs amis.

« Grand Dieu ! mérite-t-on seulement le nom de père,
« quand on aime mieux céder à de vaines complaisances
« que de procurer à ses enfants une bonne et solide
« Éducation ! »

Plutarque ne se dissimule point toutefois quel profond discernement exige un choix si important et si difficile.

Il y a des hommes, dit-il, *que les vices les plus gros-siers rendent incapables de tout autre emploi : et c'est entre leurs mains que la plupart des parents remettent leurs enfants !!*

C'est pour prévenir un si grand malheur, qu'il n'épargnait aux parents ni les reproches, ni les conseils : « Né-« gliger la vertu, mais *c'est sacrifier*, dit-il, *ce qu'il y a de* « *plus essentiel dans toute l'Éducation. Il faut que l'insti-* « *tuteur joigne à un grand fonds de sagesse et d'expé-* « *rience, des mœurs pures et une conduite irréprochable :* « autrement tout est perdu. La bonne Éducation est la « source de toutes les vertus, mais à une condition rigou-« reuse, c'est que l'instituteur sera lui-même vertueux ; « et alors, de même que les jardiniers dressent des tuteurs « autour des plantes et des arbrisseaux pour soutenir leur « tige, de même ce bon instituteur environnera, pour « ainsi dire, son jeune élève du double appui des préceptes « et des exemples, pour empêcher ses mœurs de se per-« vertir. »

Plutarque ajoutait qu'un père et une mère ne doivent rien ménager, nul sacrifice, nulle dépense possible, pour procurer à leurs enfants les MEILLEURS, LES PLUS DIGNES INSTITUTEURS.

« Mais il est des parents, dit-il, qui portent si loin l'a-« mour pour l'argent et l'indifférence pour le bien de leurs « enfants, que par le seul motif d'une épargne sordide, ils « leur choisissent pour instituteurs des hommes sans nul « mérite, et dont l'ignorance est toujours à bon marché. « Aristippe fit un jour à un de ces pères méprisables une « réponse pleine de sel et de sagesse. Comme il lui de-« mandait cinquante drachmes pour élever son fils : « *Comment*, s'écria le père, *mais avec cette somme j'aché-*

« *terais un esclave! Faites-le*, dit Aristippe, *et vous en*
« *aurez deux : votre fils, et celui que vous aurez acheté!* »

Le poète satirique faisait les mêmes plaintes. Il flétrissait
amèrement la conduite de ces parents qui prodiguent mille
folles dépenses pour leurs bâtiments, leurs meubles, leurs
équipages, leur table, et épargnent tout pour l'Éducation
de leur fils (1).

Aussi Cratès le philosophe disait autrefois qu'il aurait
voulu monter au lieu le plus éminent de la ville pour crier
de là aux citoyens : « Hommes de peu de sens, quelle est
« donc votre folie de ne songer qu'à amasser des ri-
« chesses et de négliger absolument l'Éducation de vos
« enfants pour qui vous dites que vous les amassez! »

Je m'arrête. J'en ai dit assez, mon cher ami, j'en ai dit
même beaucoup plus qu'il n'en fallait pour vous, sur un
tel sujet. Mais j'ai cédé au plaisir de vous citer toutes ces
autorités profanes, toutes ces paroles si graves et si belles,
tous ces textes antiques si précis et si forts, pour vous
montrer à quel point d'aveuglement en sont venus, parmi
nous, tant de parents chrétiens, qui semblent ne pas
seulement se douter de ce que la raison naturelle et le
simple bon sens enseignaient à des païens.

Il ne me reste qu'à vous donner mes conclusions ;
les voici :

1° Après avoir comparé l'Éducation particulière et
l'Éducation publique, après avoir examiné de près les

---

(1) *Hos inter sumptus, sestertia Quintiliano*
    Ut multùm duo sufficient. Res nulla minoris
    Constabit patri quàm filius.

avantages et les inconvénients qui peuvent porter à préférer l'une à l'autre, je n'hésite pas à penser que la haute, la grande, la forte Éducation intellectuelle et morale, celle qui fait les hommes distingués, les hommes supérieurs, c'est l'Éducation publique.

Sans doute il y a de glorieux résultats obtenus par l'Éducation privée ; mais ces exceptions, infiniment honorables, et que j'aime à reconnaître, n'en sont pas moins très-rares.

2° Je ne crois pas, toutefois, qu'il faille commencer l'Éducation publique de très-bonne heure. La première Éducation doit se faire au foyer domestique.

Pendant ces premières et tendres années, l'enfant ne peut se passer des leçons et des soins maternels.

Il faut seulement que cette Éducation soit bien faite ; qu'on ne l'abandonne pas à des femmes indiscrètes, à des domestiques déréglés, à des mercenaires sans cœur.

Permettez-moi, mon ami, de vous renvoyer, sur ce point, au chapitre IV du livre II de mon Ouvrage : *Quelques conseils pour la première Éducation de l'enfant,* et au chapitre qui précède : *De l'Enfant gâté.*

C'est seulement à partir de l'époque où commence pour l'enfant une suite de soins plus austères et d'études plus sérieuses, que l'Éducation doit être publique.

Cette époque varie naturellement, selon que les enfants ont un esprit plus ou moins ouvert et préparé, une santé plus ou moins affermie, un caractère plus ou moins formé, et aussi, selon le danger plus ou moins grand qu'ils courent d'être gâtés dans la maison paternelle.

3° Quel que soit le genre d'Éducation qu'on adopte, que ce soit l'Éducation publique ou l'Éducation privée, le précepteur ou le collége, il faut bien choisir. En un tel choix, rien ne doit être donné au hasard ; rien ne peut se faire à l'aventure. Les parents doivent TOUT VOIR PAR EUX-MÊMES, TOUT SAVOIR, afin de choisir pour leurs fils non-seulement de bons instituteurs, mais LES MEILLEURS, MAIS LES PLUS DIGNES. Ce choix est le devoir le plus sacré de la sollicitude paternelle et maternelle.

« Ce que je voudrais par-dessus tout, écrivait récemment M. le comte de Champagny, c'est que le choix de l'Éducation commune fût affaire de raison et de conscience, de nécessité, si l'on veut, non de commodité et de paresse ; c'est qu'on l'acceptât pour ses enfants et non pour soi. Quand on la choisit uniquement comme moyen de débarras, je n'hésite pas à dire que le choix est détestable, et que bientôt on en portera lourdement la responsabilité. La souveraineté paternelle est un pouvoir qu'on délègue, je le veux bien, mais qu'on n'abdique pas. »

4º Que si l'on adopte l'Éducation publique, il faut, après avoir choisi un collége EXCELLENT, que l'Éducation de l'enfant s'y fasse *tout entière* et s'y achève.

Je me bornerai à redire ici ce que je disais autrefois aux parents qui me confiaient leur fils :

Je ne réponds d'un jeune homme et de sa persévérance dans le bien qu'à deux conditions :

« 1º Que j'aurai réellement fait et achevé son Éducation : c'est-à-dire, qu'il ne quittera le Petit-Séminaire qu'après sa rhétorique et sa philosophie bien faites.

« Tout jeune homme qui me quitte avant d'avoir fait sa rhétorique et sa philosophie avec moi, y fût-il demeuré plusieurs années, je n'en réponds point... Je lui ai donné des soins plus ou moins utiles ; je ne l'ai point élevé.

« 2º Que, sa rhétorique et sa philosophie achevées, ses

parents ne le laisseront point à rien faire, mais l'occuperont sérieusement et convenablement.

« Demander qu'un jeune homme de vingt ans demeure vertueux, conserve le goût du travail, et devienne un homme distingué, sur le pavé de Paris ou partout ailleurs, dans une molle oisiveté, avec les chevaux, les cigares, les chiens, la chasse, les courses au clocher, les bals, les théâtres et toute la vie du monde, — je réponds simplement : C'est absurde ! et je pourrais dire quelque chose de plus sévère. »

5° Je ne vous parle pas des Éducations interrompues par la préparation aux écoles spéciales. J'ai déjà démontré, au chapitre IX du livre V de mon Ouvrage, comment les écoles spéciales et l'instruction professionnelle, grâce à l'imprudence des parents qui y précipitent leurs fils avant le temps, sont la ruine de la haute Éducation littéraire, et je crois pouvoir ajouter, de l'Éducation religieuse et morale.

Il y a là une plaie profonde qui depuis plusieurs années dévore parmi nous ce qui se trouve de meilleur dans les générations naissantes, et anéantit les plus nobles espérances de la famille et les forces les plus élevées de la patrie. Quand les parents se décideront-ils enfin à ouvrir les yeux sur des préjugés si aveugles et sur un si lamentable entraînement ?

6° Je ne vous ai rien dit non plus de l'*Externat,* qui est comme un milieu entre l'Éducation publique et l'Éducation privée ; il y aurait cependant bien des choses à en dire ; le temps me manque, je me bornerai à ce peu de mots :

Garder son fils chez soi et l'envoyer de là suivre les classes d'un collége, m'a toujours paru une excellente forme d'Éducation intellectuelle et morale; mais à deux conditions essentielles : la première, c'est que l'enfant, en quittant la maison paternelle pour aller au collége, ne trouvera là que de bons et dignes professeurs, et pas de condisciples impies et corrompus ;

La seconde, que l'enfant, en quittant le collége pour rentrer à la maison paternelle, y trouvera une vie réglée, un ordre et une surveillance de travail constants, un père et une mère capables de présider à son Éducation, nulle molle gâterie et pas les périls du salon.

que j'ai senti que la question sur laquelle vous me consultiez est une question capitale, qui, bien ou mal résolue, peut avoir une influence décisive sur les destinées des plus importantes familles et par conséquent de la société elle-même? Pourquoi, sinon parce que j'ai observé que dans plusieurs parties de l'Europe et particulièrement chez nous, l'Éducation privée est devenue dans les hautes classes beaucoup plus générale que l'Éducation publique, et qu'il en est résulté, selon moi, de très-funestes conséquences?

En France ç'a été là, sans contredit, une des plus malheureuses suites de l'ancien monopole universitaire.

C'est assez. Vous le voyez, mon cher ami, ce que je croyais d'abord ne devoir être qu'une simple lettre est devenu presque un livre. Je n'en regretterai pas néanmoins la fatigue, ajoutée à tant d'autres que Dieu sait, si ce travail peut être utile à vos enfants que j'aime, en même temps qu'à la jeunesse de mon pays et à tant de familles honorables, pour lesquelles j'ai toujours éprouvé le plus profond et le plus religieux dévouement.

† FÉLIX, *Evêque d'Orléans.*

Orléans, le 14 août 1851, veille de l'Assomption.

III.

NUL N'EST ICI-BAS POUR NE RIEN FAIRE :

IL Y A UN ÉTAT, UNE FONCTION, UN TRAVAIL POUR CHACUN.

(CHAPITRE IVe DU IVe LIVRE.)

Je ne puis achever ce que je devais dire sur l'enfant et sur le respect qui est dû à la liberté de sa nature, sans traiter une question qui est ici la plus grave et la plus décisive, qui se retrouve au fond de toutes les autres et dont la solution me paraît indispensable au parfait éclaircissement des difficultés que nous avons examinées jusqu'à ce moment.

Je veux parler de la grande question de la vocation et du choix d'un état pour chacun.

On comprend que cette question intéresse au plus haut point la liberté de l'enfant, son bonheur en ce monde et en l'autre. Elle touche aussi à tous les plus grands intérêts de la famille et de l'ordre social. J'en dirai tout ce que je crois nécessaire.

Je ne me laisserai point toutefois entraîner à des détails qui pourraient être infinis; mais au moins je poserai les principes généraux et incontestables de la matière.

Il y a trois vérités certaines :

1° Nul n'est ici-bas pour ne rien faire : donc, il y a un

travail, un ordre de fonctions quelconques, un état pour chacun ;

2° Rien ici-bas ne se fait à l'aventure : la Providence y gouverne tout, les plus petites choses, et à plus forte raison les plus grandes : donc, il y a pour chacun et pour chaque état une vocation de Dieu ;

3° Enfin l'Éducation doit préparer chacun à son état, à sa vocation : c'est la conséquence de ce qui précède.

1° NUL N'EST ICI-BAS POUR NE RIEN FAIRE.

Je demande à mes lecteurs de vouloir bien me suivre religieusement dans toutes les graves et profondes considérations que je dois mettre sous leurs yeux. C'est ici surtout que j'ai besoin d'invoquer leur attention la plus sérieuse et la plus recueillie. Les choses que j'ai à dire seront parfois très-délicates, peut-être même pénibles; je les dirai avec ménagement, mais cependant avec la simplicité et la franchise que me commandent ma conscience, les grands intérêts que je traite et même mon respectueux dévouement pour ceux dont je vais parler.

Il y a diverses sortes de parents qui se décident, avec une singulière bonne foi, à ne rien faire faire à leurs fils en ce monde; et qui, pour se justifier, mettent en avant des motifs ou des prétextes, des raisons ou des erreurs de diverses natures.

J'en ai rencontré de très-vertueux, qui avaient horreur de la société corrompue du siècle présent, et qui disaient : Tous les états sont périlleux. En des temps pareils il n'y a rien à faire que son salut. Puisque nos enfants sont condamnés à traverser ce triste monde, ils en éviteront du moins le plus possible la contagion. — Cette classe de parents est, il est vrai, peu nombreuse.

J'en ai vu d'autres qui disaient : Je ne puis rien faire faire à mes fils par le temps qui court. Mes opinions politiques s'y opposent : mon honneur, l'honneur de ma famille ne me le permet pas.

Ceux-là se rencontraient plus fréquemment, il y a quelques années; les circonstances qui leur dictaient ce langage ont changé.

J'ai vu enfin des pères de famille en bien plus grand nombre, qui croyaient trouver pour leur fils, dans leur fortune, une raison suffisante pour les dispenser de tout travail sérieux, et les laisser ici-bas sans rien faire.

C'est à ceux-ci que je réponds d'abord :

Lorsqu'il venait à moi des parents de cette catégorie pour me confier leurs enfants, et que je leur disais : Que fera-t-il un jour? à quoi le destinez-vous? Quelques-uns en paraissaient offensés. Les plus bienveillants s'en étonnaient avec bonté, et tous semblaient me dire : Vous ne nous connaissez pas : nous ne sommes pas ce que vous pensez. Et chacun d'eux me disait effectivement : Mais mon fils n'a besoin de rien. Son avenir est assuré. J'ai travaillé pour lui. Il jouira de ma fortune sans être obligé de travailler à son tour.

A tout cela je n'avais, et je n'ai encore, aujourd'hui, qu'une parole à répondre : c'est la parole de l'antique Sagesse : *Homo nascitur ad laborem, sicut avis ad volatum* (Job, V, 7), l'homme est né pour travailler, comme l'oiseau pour voler : tellement que vivre sans travailler, ce n'est pas vivre seulement hors des conditions de la nature humaine; c'est éteindre, c'est étouffer, c'est anéantir la vie en soi : ce n'est pas vivre.

Qu'on ne s'y trompe point : la parole de Job, en sa simplicité, cache un sens très-profond. Oui, l'homme est né pour le travail, c'est-à-dire pour l'action, c'est-à-dire pour la vie! car on ne vit, on n'est quelque chose, que par ce qu'on fait. Quiconque ne fait rien, n'est rien et ne sera jamais rien.

Qu'on veuille bien le remarquer : je ne viens point dire ici quelles sont les douceurs du travail et quel bonheur il donne à ceux qui l'aiment : je ne viens point dire quelle protection le travail offre à la vertu, et comme il la garde ; je ne dirai même point l'influence du travail sur le caractère, et quelle force il lui communique. Je ne veux dire ici qu'une chose : c'est que le travail est la condition nécessaire de la vie pour tout homme venant en ce monde. C'est sa vocation essentielle : riche ou pauvre, il doit la remplir. Les pauvres ne le contestent guère, mais trop souvent ils en murmurent, et font de leur mieux pour y échapper. Ceux qui ne sont point pauvres, et qui ne croient pas avoir besoin de travailler pour gagner laborieusement leur vie, ne comprennent pas assez qu'ils en ont besoin pour conserver, pour ennoblir, pour élever la vie qu'ils ont reçue de Dieu.

On parle beaucoup aujourd'hui de liberté : j'en ai parlé moi-même ; mais la loi de la liberté, c'est la loi du travail. La liberté, l'activité, le travail sont choses étroitement liées entre elles. Voilà pourquoi les peuples légers ou paresseux ne sont pas faits pour la liberté.

Mais ce que je dois surtout faire ici remarquer, c'est que le travail est la grande loi de la création. Dieu, en créant le monde, en nous donnant la vie, a fait un noble et divin travail, et nous devons nous-mêmes travailler pour vivre, c'est-à-dire, pour conserver, pour développer, pour élever la vie que Dieu nous a donnée.

Voyez toutes les grandes facultés de l'âme : que sont-elles? Des puissances actives qui demandent le travail. Les condamner à l'inertie, leur refuser cette généreuse activité qui les distingue essentiellement de la matière, c'est les avilir, les dégrader, les anéantir. Que dis-je? les facultés corporelles elles-mêmes, ne se conservent, ne se développent que par l'exercice, c'est-à-dire, par le travail. Toutes les forces physiques, intellectuelles et morales de l'homme, qui croissent et qui grandissent, à mesure que l'homme les emploie énergiquement, tombent et dépérissent dès qu'on les laisse languir dans l'oisiveté; en un mot, quiconque ne fait rien en ce monde, par cela même et par cela seul, fait le mal ; il se déprave, il se ruine lui-même; et c'est là un des sens du mot célèbre des saintes Écritures : L'oisiveté enseigne tout mal : — *Omnem malitiam docuit otiositas.*

Bossuet ne craignait pas de donner ces fortes leçons au fils de Louis XIV. J'ai souvent admiré avec quelle énergie ce saint Évêque s'efforçait de faire pénétrer l'austère vérité dans l'esprit et dans le cœur de ce jeune prince.

« Ce n'est pas inutilement, lui disait-il, et pour que
« vous n'en fassiez aucun usage, que Dieu vous a donné
« l'intelligence et toutes ces nobles facultés qui vous
« éclairent, et à l'aide desquelles vous pouvez rappeler le
« passé, connaître le présent, prévoir l'avenir. Quiconque
« ne daignera pas mettre à profit ces dons du ciel, *c'est*
« *une nécessité qu'il ait Dieu et les hommes pour en-*
« *nemis. Car il ne faut pas s'attendre, ou que les hommes*
« *respectent celui qui méprise ce qui le fait homme, ou que*
« *Dieu protège celui qui n'aura fait aucun état de ses dons*
« *les plus excellents.* »

Bossuet continue, en annonçant à son élève que toutes

les facultés de son intelligence seront bientôt anéanties, s'il ne les cultive par le travail :

« Ne commencez pas par l'inapplication et la paresse « une vie qui doit être si occupée et si agissante. De tels « commencements feraient qu'étant né avec beaucoup « d'esprit, vous ne pourriez que vous imputer à vous- « même l'extinction ou l'inutilité de cette lumière admi- « rable, dont le riche présent vous vient de Dieu. A quoi, « en effet, vous serviraient des armes bien faites, si vous « ne les avez jamais à la main? A quoi, de même, vous « servira d'avoir de l'esprit, si vous ne l'employez pas, « si vous ne vous appliquez pas? C'est autant de perdu. « Et comme si vous cessiez de danser ou d'écrire, vous « viendriez, manque d'habitude, à oublier l'un et l'autre; « de même, si vous n'exercez votre esprit, il s'engourdira, « il tombera dans une espèce de léthargie; et quelques « efforts que vous eussiez alors envie de faire pour l'en « tirer, vous n'y serez plus à temps.

« Alors il s'élèvera en vous de honteuses passions. « Alors le goût du plaisir et la colère vous porteront à « toutes sortes de crimes; et le flambeau qui seul aurait « pu vous guider, étant une fois éteint, vous vous serez « mis hors d'état de compter sur aucun secours. »

Il est donc vrai que l'Éducation ne doit pas s'en tenir à ne rien faire, et à empêcher même que rien ne soit fait.

Il est donc vrai, que tous, riches ou pauvres, sont appe- lés à faire ici-bas quelque chose; ont ici-bas un travail, une vocation à remplir.

Il est donc vrai, quoi qu'on puisse dire de l'inclination de l'homme à l'oisiveté, et quelle que soit la paresse natu- relle de son caractère et de son esprit, il est donc vrai que le travail et l'activité sont pour lui une condition

essentielle de sa vie et un besoin de sa nature : « par une
« admirable économie, toute créature se satisfait en usant
« de ses forces : l'âme se plaît au jeu de ses facultés, elle
« jouit de ce qu'elle peut; en sorte qu'elle trouve son
« repos véritable dans le travail même (1). »

Aussi n'est-ce pas seulement après que l'homme fut
devenu coupable et pécheur, que le travail lui fut imposé,
comme une loi : dans le séjour bienheureux de l'antique
Éden, l'homme innocent dut travailler : *posuit eum in
paradiso voluptatis, ut operaretur eum.* (GENÈSE.) Le travail fut une des conditions de son bonheur, de sa dignité,
de son existence.

Bientôt, il est vrai, le travail qui ne devait être pour lui
que le charme et l'ornement de sa vie, devint une partie
de son châtiment; bientôt fut prononcé contre lui cet arrêt
formidable qui le poursuit encore jusque dans sa postérité
la plus reculée : *Tu mangeras ton pain à la sueur de ton
visage : in sudore vultûs tui vesceris pane.* (GENÈSE.)

« Mais bientôt aussi une volonté miséricordieuse fait en
« sorte que le châtiment répare la faute, et dans l'humi-
« liation courageusement subie, l'homme trouve une autre
« grandeur. En fécondant la terre de ses sueurs, comme
« le soleil la fertilise de ses feux, et les nuées de leurs
« pluies, il rentre dans l'ordre régulier de l'univers : Dieu
« l'emploie, et par conséquent le réhabilite : dès qu'il sert,
« il commence à mériter. Voilà le dogme chrétien du tra-
« vail, dont le sens profond n'est plus compris (2). »

Certes, après de si fortes, de si nobles raisons, après
de si religieux motifs, j'ai bien le droit de le dire à ceux
avec qui je m'explique en ce moment :

(1) M. OZANAM.
(2) *Idem.*

Vous voulez être quelque chose en ce monde, vous voulez vivre et ne rien faire : eh bien! toutes les lois morales et sociales, toutes les lois naturelles s'y opposent!

L'oisiveté, c'est la ruine inévitable de toutes les facultés. Ces facultés sont essentiellement actives; elles demandent perpétuellement la culture, le développement, c'est-à-dire le travail; sinon elles demeurent ou elles tombent en friche. Elles ne donnent plus, dit l'Écriture, que des ronces et des épines, *spinas ac tribulos*. Des fruits amers, des fruits sauvages, voilà les seuls fruits qu'elles puissent donner en restant incultes.

Vous voulez être quelque chose en ce monde et ne rien faire; mais c'est d'abord une impossibilité absolue! vous ferez le mal!

Et de plus, ne rien faire en ce monde, c'est vouloir vainement se dérober à la grande loi du genre humain, laquelle est non-seulement pour l'homme la loi de sa conservation, de son perfectionnement et de sa vie; mais qui est, en même temps pour lui, depuis la chute originelle, la loi miséricordieuse de l'expiation, de la régénération.

Et de quel droit voulez-vous qu'elle ne s'accomplisse point pour vous ni pour vos enfants, cette loi universelle, cette sentence qui vous commande de remplir, par un noble et religieux travail, tous les jours qui séparent votre naissance de votre mort?

Vous êtes riches! cette excuse, au lieu de vous justifier, rend votre oisiveté plus coupable. « Si vous avez été payés « d'avance, vous dirai-je avec un saint et éloquent Évêque, « dont le nom est demeuré cher à la jeunesse chré- « tienne (1), si vous avez été payés d'avance, est-ce un « titre pour ne pas mériter votre salaire? »

(1) M. Borderies, évêque de Versailles.

Venant à ceux qui prétendent que les temps sont mauvais et que leurs enfants n'ont rien autre chose à y faire que leur salut, je leur dirai que de tels subterfuges et des subtilités si étranges ne sont dignes ni de leur raison, ni de leur foi. Sans doute, il faut que cet enfant fasse son salut, et c'est là sa grande affaire en ce monde. Mais, s'il est vrai que sans le travail il n'y ait point de salut, et que l'oisiveté ne soit rien moins qu'une révolte contre la Providence; s'il est d'institution divine que les facultés départies à l'homme doivent être cultivées et développées par le travail; si l'expérience démontre, en outre, que ces facultés ne peuvent être laissées dans l'inaction sans péril pour la vertu; si enfin il est écrit que Dieu doit rejeter dans les ténèbres extérieures, selon l'expression de l'Évangile, ceux qui n'auront rien fait ici-bas; s'il ne veut pas compter au nombre de ses serviteurs les serviteurs inutiles, qu'aurez-vous à répondre au jugement de Dieu, qui vous demandera compte de ce talent qu'il vous avait confié, de l'âme de votre fils, de l'inutilité et de la perte de sa vie?

D'ailleurs, je le dois ajouter, le travail n'est pas seulement la loi naturelle, morale, religieuse de l'homme : c'est aussi la loi sociale de l'humanité.

Nul n'est fait ici-bas pour ne rien faire ; mais nul aussi n'est fait pour être inutile à ses semblables.

L'égoïsme ne saurait être la loi ni de la société domestique, qui est la famille; ni de la société temporelle, qui est l'État; ni de la grande société spirituelle, qui se nomme l'Église.

On se doit le travail à soi-même, mais on le doit aussi à ses semblables; et celui qui ensevelit sa vie dans l'oisiveté, ajoute au tort qu'il se fait celui d'une coupable inhumanité envers ses frères. Quoi! tout est en activité autour de vous, tout est agité, tout est ému, tout travaille ; et vous seul, au milieu de ce mouvement universel, vous demeurez oisif, indignement inutile, dans un repos honteux ! vous semblez compter pour rien les peines et les sueurs de vos frères ! Leurs fatigues et leurs travaux ne sont pour vous qu'un spectacle dont vous semblez amuser vos loisirs ; ou plutôt vous vous établissez le centre immobile de tout ce mouvement, et vous en profitez sans sortir vous-même de votre inaction, sans songer à offrir à vos frères, en échange de leurs labeurs, quelques services à votre tour !

Le travail ! mais on le doit au moins à ses parents, à ses enfants, à sa famille, à sa patrie : c'est l'oisiveté qui laisse échapper des mains de tant d'héritiers indignes le patrimoine de richesse ou d'honneur qu'ils avaient reçu de leurs pères ; c'est l'oisiveté qui, comme un ver rongeur, mine sourdement et fait enfin écrouler les fortunes établies en apparence sur les plus solides fondements et prépare aux fils d'un père riche et considéré la détresse et le mépris pour tout héritage.

Et de là, chez de grandes nations, tant de nobles familles ruinées ! tant de beaux noms tombés ! De là, ces races illustres abaissées et quelquefois avilies, incapables de rien entendre, de rien gouverner, de rien établir, de rien perpétuer, et, au jour du péril public, de rien sauver ! De là, ces antiques illustrations qui s'enveloppent peu à peu d'obscurité et disparaissent misérablement : et cela est sans contredit, je n'hésite pas à le proclamer, une des malédictions les plus terribles qui puissent tomber sur une nation. Malheur aux peuples dont les grandes races s'abaissent et s'en vont !

Je heurte ici, je le sens, plus d'un préjugé, et mon langage peut paraître amer ; aussi veux-je donner à ma pensée quelque développement pour l'éclaircir ; je touche à la partie la plus délicate, et je le crois aussi, la plus importante de mon sujet.

Je le dirai d'abord sans détour et sans aucun ménagement pour les préventions du temps :

J'appelle grande famille, grande race, grand nom, ces familles, ces races, ces noms que de mémorables services rendus au pays, à quelque époque que ce soit, ont fait historiques ; qui ont conquis leur illustration par la gloire des armes, dans les camps ; par leur habileté dans les hautes négociations et dans le maniement des affaires politiques et par l'éclat des talents et quelquefois du génie, dans les sciences, dans les lettres ; enfin dans la magistrature ou dans l'Église, par la sainteté des mœurs et la grandeur du caractère.

C'est la descendance de ces races qui constitue ce qui, dans la langue française, se nomme *la naissance*, de laquelle M. Royer-Collard disait : Une *naissance illustre sera toujours une grandeur, et le respect de la gloire passée prend sa source dans de nobles sentiments.*

L'autorité de ce grave publiciste ne saurait être ici suspecte.

J'ajouterai encore, parmi les titres incontestables et incontestés qui font les grandes familles, la *propriété* du sol ou la *richesse territoriale*, à ce point où elle devient une force sociale.

Voilà ce que j'appelle les grandes familles, les grandes races d'un pays. Eh bien ! je l'avouerai sans détour, ces grandes familles, je les aime, je les respecte, je les vénère, parce que j'aime, je respecte, je vénère les grands souvenirs et les grandes choses. Je ne sache pas une nation dont elles ne soient la force et la gloire, et qui n'ait une inclination naturelle à leur demander ses chefs, ses guerriers, ses ministres, ses premiers magistrats, ses administrateurs. Il y a là peut-être un préjugé, mais il est profond; et sauf les temps de trouble où ce préjugé se tourne quelquefois en haine, on y revient toujours.

Dans les Républiques comme dans les Monarchies, chez les peuples anciens comme chez les nations modernes, les regards du peuple, au milieu des besoins ou des désastres publics, se tournent naturellement vers ces grandes et illustres familles, et c'est chez elles qu'on espère toujours trouver plus abondamment, plus sûrement la science des affaires humaines, la sagesse de la vie politique, l'expérience, le dévouement, la force, l'autorité, qui peuvent seuls gouverner, défendre, sauver un pays.

Je n'hésite pas à affirmer que nulle part ce préjugé, si c'en est un, n'a des racines plus profondes et n'exerce un plus irrésistible pouvoir qu'en France. On se tromperait étrangement, si on pensait que les révolutions se font parmi nous pour détruire les titres et les illustrations de naissance : les révolutions se font bien plutôt parmi nous pour les conquérir : chacun veut en jouir à son tour, ou du moins les remplacer sur la scène. Aussi c'est un fait curieux à observer : les révolutions, dans notre pays, n'ont su que multiplier les titres et les vanités de cette nature.

Quoi qu'on en ait, toujours une nation intelligente honorera un sentiment de dignité héréditaire qui, pour engendrer la vanité chez quelques-uns, n'en est pas moins éminemment raisonnable et utile en lui-même.

Toujours, en France, le mérite éclatant qui surgira de l'obscurité, verra son illustration nouvelle consacrée par quelque titre nouveau; toujours aussi, il faut bien le dire, en dépit du progrès démocratique, la vanité ambitieuse cherchera à se revêtir d'un éclat d'emprunt, et la contagion en gagne tellement qu'il n'y aura bientôt plus, dans notre pays, un village qui n'ait couvert de son nom le nom obscur porté jusqu'ici par une illustration inconnue.

Sans doute, ici c'est l'abus du droit ; mais le droit est de force à y survivre : il est dans la raison et dans la nature ; et au-dessus de toutes les illustrations douteuses, au-dessus de tous les noms équivoques, il y aura toujours de grands noms, de grandes races, des familles illustres, et toujours aussi, le peuple instinctivement les aimera. Comme l'écrivait M. de Châteaubriant : *Le peuple regrettera toujours la tombe de quelques Messieurs de Montmorency, sur laquelle il soûlait se mettre à genoux durant la messe* (1).

Et M. de Châteaubriant lui-même, malgré les faiblesses de sa vie, malgré l'étonnement et les regrets que les Mémoires de sa tombe donnent à ses admirateurs, laissera lui aussi un nom illustre : son tombeau aura peut-être des pélerins ; et si je venais dire au jeune héritier de son sang, ou à celui d'une des renommées héroïques de l'Empire, à M. le duc de Montebello, par exemple, que le nom qu'ils portent n'est rien, ils ne me croiraient ni l'un ni l'autre, et ils auraient raison ; et le Peuple ne me croirait pas davantage. La sévérité avec laquelle on demande de grandes vertus aux grands noms, n'est-elle pas elle-même un juste mais irrécusable témoignage de l'hommage naturel et instinctif que leur rend l'opinion ?

Un grand nom, sans doute, c'est l'héritage d'une famille ; et un homme illustre, en donnant à ses fils l'éclat

____

(1) *Génie du christianisme.*

de la naissance, leur impose aussi l'obligation des vertus : car *noblesse oblige,* suivant un axiome d'honneur tout français. Mais un grand nom, un grand-homme, c'est aussi la gloire d'une nation, c'est la gloire de l'humanité même : par cette raison profonde que c'est un nom, c'est un homme en qui la Providence a fait resplendir ses dons, et que tous réclament leur part de cet honneur fait à la nature humaine. Voilà pourquoi l'instinct national honorera toujours les noms glorieux et les grandes races.

Si ce préjugé est resté si puissant en France, c'est que nulle nation ne fut peut-être plus riche en véritables grands noms, en véritables illustrations. La vieille noblesse française doit son antique honneur et sa gloire impérissable au sacrifice qu'elle a fait héroïquement de sa vie pendant quatorze siècles. Depuis Clovis la race franque n'a pas cessé de verser son sang pour la cause de Dieu, des pauvres et de la patrie, sur tous les champs de bataille de l'Asie, de l'Afrique et de l'Europe. La noblesse nouvelle a glorieusement aussi conquis ses écussons et les a payés de son sang, bien qu'elle ait encore besoin d'une tradition soutenue par de dignes héritiers et confirmée par le temps.

Maintenant donc, redescendant de ces hautes et générales considérations au sujet pratique que je traite, je dirai sans hésiter aux fils des grands noms, aux héritiers des grandes races : Chez une nation brillante, généreuse, où la gloire sera toujours une passion et les souvenirs historiques une grandeur, tant que vous serez vous-mêmes dignes de vos grands noms, vous serez au premier rang ; quoi qu'on dise d'en bas contre vous, vous aurez la première place ! La nation elle-même vous la donnera ! Toujours, à mérite égal, c'est vous qui l'emporterez ; et si la justice individuelle semble blessée par cette préférence, il y a une plus haute justice, la justice nationale, qui sera satisfaite!

Oui; un grand nom, soutenu par une grande Éducation, aura toujours, en France, une haute fortune; et je suis heureux de le dire à l'honneur de notre temps : ici les nobles modèles ne nous manquent pas, même parmi nos jeunes contemporains.

Mais NE RIEN FAIRE! au milieu de ce mouvement immense de toutes les classes qui tendent à s'améliorer, à s'anoblir, à s'élever, à s'enrichir, par l'industrie, par le commerce, par l'agriculture, par les travaux de la vie politique : NE RIEN FAIRE, c'est abdiquer, c'est s'anéantir! Ne pas comprendre que nous vivons dans des temps où il faut se faire pardonner sa fortune, quand on l'a reçue de ses pères; autoriser les nouveau-venus de la société moderne à dire que les fils des grandes familles, au milieu du progrès universel, demeurent immobiles dans leurs préjugés de race, stationnaires dans leur fortune, rétrogrades dans leurs idées; qu'ils NE FONT RIEN, et NE VEULENT RIEN FAIRE! — C'est impossible!

Et ceux dont je parle, ne voient-ils pas qu'au luxe et à l'oisiveté se joignent le partage des propriétés et l'égalité des héritages, pour les diminuer, les morceler, les dévorer? Pour plusieurs, hélas! tout brille encore au-dehors; tout est déjà misère et ruine au-dedans! NE RIEN FAIRE! mais au simple point de vue matériel, c'est l'anéantissement de la seule chose par laquelle il y a encore quelque supériorité pour eux, la propriété!

Autrefois ils avaient le glorieux privilége du service militaire; ils étaient les premiers à guerroyer, à verser leur sang pour leur pays. Certes, c'était là quelque chose ; ils étaient grands par là !

Si la culture des esprits n'y gagnait point, le caractère s'y fortifiait. La générosité, le dévouement héroïque et toutes les vertus guerrières qui ont fait de la nation française la première nation de l'Europe, s'y déployaient dans toute leur splendeur.

Aujourd'hui les choses sont changées : l'épée, la valeur sont toujours d'un grand prix parmi nous ; mais toutes les mains peuvent prétendre à tenir l'épée. Le commandement des armées n'est plus un privilége ; comme la couronne de Philippe-Auguste, il est au plus digne. Et d'ailleurs, la guerre s'en va ; elle semble avoir obéi au mot de l'antiquité : *cedant arma togæ ;* elle cède la place aujourd'hui à l'industrie, au commerce, à la politique, à la science, aux arts : autant du moins que peut le dire la courte prévoyance humaine, c'est de ce côté que semble aujourd'hui l'avenir de l'Europe.

Repousser loin de soi le grand commerce, la grande industrie, souvent la magistrature elle-même et la plupart des carrières publiques : est-ce préjugé ou raison ? Ne se croire bon à nul autre emploi, à nulle autre gloire qu'à l'emploi et à la gloire des armes : est-ce justice et sagesse ?

Gênes, Venise, Carthage et Florence, ces grandes reines des mers, ces illustres dominatrices du commerce de l'Orient et de l'Occident, pensèrent autrement. La noblesse génoise, vénitienne et florentine n'a-t-elle pas élevé ses alliances aussi haut que les plus antiques maisons souveraines de l'Europe ? Cette expérience, ces exemples ne sont-ils pas du moins une leçon puissante, une réponse péremptoire aux héritiers de ces grandes familles qui se condamnent parmi nous à ne rien faire, et qui, par une suite nécessaire, se dépravent, demeurent sans intelligence, sans action, sans influence? Combien de fois n'ai-je pas entendu les hommes les plus éminents du pays gémir amèrement sur le sort de ceux dont je plaide en ce moment la cause; car c'est leur cause que je plaide contre eux-mêmes! Quel homme grave, quelle femme honorable n'a pas déploré la vie de tant de jeunes gens qui semblent ne vouloir qu'abdiquer la dignité de leur naissance, et ne savent, pour me servir enfin de l'expression trop vulgaire, hélas! et trop connue, ne savent que *battre le pavé de Paris!*

Le pavé de Paris, c'est-à-dire, les jockeys-clubs, le boulevart des Italiens, le jeu effréné, les foyers de spectacles, les chevaux, les chiens, les cigares, les femmes, et des avilissements qu'on ne peut dire!

Voilà les déplorables conséquences de cette triste chose : NE RIEN FAIRE!

Mais le funeste préjugé, qu'un homme comme il faut ne doit rien faire, ou du moins peut ne rien faire, n'est-il pas absolument le même préjugé qu'autrefois, lorsque les gentilshommes et les seigneurs prétendaient qu'ils ne devaient rien savoir, pas même lire et écrire; qu'ils n'étaient faits que pour donner de bons et grands coups d'épée, et que la science et les lettres n'allaient bien qu'aux roturiers et aux clercs?

Ce préjugé, qui avait au moins quelque chose d'énergique et de fier dans sa rudesse native, s'est perpétué plus qu'on ne pense dans les mœurs françaises, en perdant ce qu'il avait d'énergique. De là, autrefois, et un peu encore aujourd'hui, cette crainte de l'Éducation publique; de là, tant de nobles enfants condamnés à l'Éducation particulière: c'est-à-dire trop souvent à la mollesse du caractère et à la médiocrité de l'esprit, sauf de rares et honorables exceptions.

J'ai ouï dire à un homme de grand sens, cette remarquable parole :

« Un gouvernement usurpateur et habile, qui voudrait se délivrer des grandes races et les déraciner du pays, pourrait se réduire à exiger que, par respect pour elles-mêmes, elles élevassent leurs enfants dans leur intérieur, seuls, loin de leurs semblables, dans l'horizon rétréci de l'Éducation particulière et du précepteur privé. »

Je n'hésite pas à le penser : ç'a toujours été là le grand péril des races royales et des Éducations princières.

Bossuet en exprimait autrefois, au fils de Louis XIV, la pensée, en ces termes :

« Ce qui fait que les hommes de condition, s'ils n'y
« prennent sérieusement garde, tombent facilement dans
« la paresse et dans une espèce de langueur, c'est l'abon-
« dance où ils naissent. Le besoin éveille les autres hommes,
« et le soin de leur fortune les sollicite sans cesse au tra-
« vail. Eux, à qui les biens nécessaires non-seulement
« pour la vie, mais pour le plaisir et pour la grandeur,
« se présentent d'eux-mêmes, ils n'ont rien à gagner par
« le travail. Mais il ne faut pas croire que la sagesse vous
« vienne avec la même facilité, et sans que vous y tra-
« vailliez sérieusement. Il n'est pas en notre pouvoir de
« vous mettre dans l'esprit ce qui sert à cultiver la raison
« et la vertu, pendant que vous ne ferez rien. Il faut donc
« vous exciter vous-mêmes, vous appliquer et travailler,
« afin que la raison s'élève en vous. Ce doit être là toute
« votre occupation; vous n'avez que cela à faire et à pen-
« ser. N'êtes-vous pas trop heureux que les choses soient
« disposées de sorte que les autres travaux ne vous re-

« gardent pas, et que vous ayiez uniquement à cultiver
« votre esprit, à former votre intelligence? »

Louis XIV, qui avait connu par sa propre expérience
tout le malheur d'une éducation négligée, avait voulu en
épargner le péril à son fils et à ses petits-fils; et il avait
tracé lui-même, avec une admirable sévérité, la règle du
travail pour le grand Dauphin.

Voici ce que Bossuet en écrivait au pape Innocent XII :

« La loi que le roi imposa aux études, fut de ne laisser
« passer aucun jour sans étudier. Il jugea qu'il y a bien
« de la différence entre demeurer tout le jour sans travailler,
« et prendre quelque divertissement pour relâcher l'esprit.
« Il faut qu'un enfant joue et qu'il se réjouisse : cela l'ex-
« cite; mais il ne faut pas l'abandonner de telle sorte au
« jeu et au plaisir, qu'on ne le rappelle chaque jour à des
« choses plus sérieuses, dont l'étude serait languissante si
« elle était trop interrompue. Comme toute la vie des princes
« est occupée, et qu'aucun de leurs jours n'est exempt
« de grands soins, il est bon de les exercer dès l'enfance
« à ce qu'il y a de plus sérieux, et de les y faire appliquer
« chaque jour pendant quelques heures; afin que leur
« esprit soit déjà rompu au travail, et tout accoutumé aux
« choses graves, lorsqu'on les met dans les affaires (1). »

Si j'avais donc des conseils à donner aux anciennes familles qui restent encore à la France, je leur dirais : Ne
craignez pas ce qui est la bénédiction du ciel; ayez un
grand nombre d'enfants : des fils nombreux sont la richesse
de leur père, de leur nom et de leur famille !

Mariez-les bien : donnez-leur des femmes d'une santé
ferme et d'une piété sincère; faites des mariages dignes,

____

(1) BOSSUET, *De inst. Delph.*

féconds, sans tache ; des alliances irréprochables, desquelles naisse une race saine et pure.

Élevez vos fils fortement : donnez-leur à tous une solide et brillante Éducation, et ouvrez-leur ensuite une carrière ; et quand même l'égalité des partages ne laisserait à chacun d'eux qu'une fortune médiocre, ils seront grands et riches par leur Éducation, par leur travail, par leur nom, par leur nombre même. Ils se soutiendront, se fortifieront les uns les autres dans les postes divers auxquels la Providence et la sollicitude éclairée de leurs pères les auront appelés

C'est une observation qui n'échappera pas aux hommes attentifs, aux esprits qui suivent, avec un regard religieux et chrétien, la conduite de la Providence : il y a une bénédiction visible, bénédiction même temporelle, sur les nombreuses familles ; et j'ai presque toujours vu se réaliser en leur faveur les vœux qu'elles soumettaient à Dieu avec un noble abandon à sa bonté, et qui chez tant d'autres sont remplacés par des calculs coupables et le plus souvent impuissants !

Parmi ces enfants nombreux, plusieurs au moins auront des natures distinguées : bien élevés, ils deviendront des hommes supérieurs ; ils honoreront leurs frères ; ils soutiendront leur nom ; ils enrichiront leur race ; ils illustreront leur famille ; ils gouverneront, ils sauveront peut-être leur pays !

Oui, Dieu les bénira. — Pourquoi voit-on si souvent de grands noms disparaître dans l'oubli ? de nobles tiges se dessécher ? c'est qu'il ne s'est plus rencontré là qu'un ou deux enfants : un fils unique, peut-être : mollement élevé, il a déshonoré son sang.

J'ai parlé des enfants gâtés : il est très-rare que des enfants nombreux soient des enfants gâtés.

Un fils, une fille unique sont presque toujours l'idolâtrie d'une famille, l'objet des plus frivoles sollicitudes. Il n'y a plus un soin sérieux, plus une haute pensée dans l'Éducation de ces enfants, dont on ne songe qu'à faire des êtres destinés aux aises et aux jouissances de ce monde, sûrs d'être riches sans jamais rien faire, sans jamais travailler, sans se donner jamais la moindre peine. Comment veut-on que la bénédiction de Dieu se rencontre dans ces Éducations misérables, et aussi dans ces lâches calculs de fortune, dans ces basses et impies supputations d'avenir, où la Providence est absolument comptée pour rien?

Sans doute, il faut, dans les familles, des chefs, autant qu'il se peut, considérables par la fortune, et c'est ce que nos lois modernes ont trop oublié. Mais il faut aussi des rameaux nombreux qui se soutiennent, s'étendent et s'affermissent les uns les autres.

Qu'il me soit permis de le redire encore à ces chefs de grandes familles : Si vous savez donner à vos nombreux fils une haute Éducation intellectuelle, ils seront toujours et partout, à la tête de leurs concitoyens : par la valeur d'abord, quand il le faudra. Les champs de bataille vous retrouveront encore ce que vous fûtes toujours. Votre sang ne faillira point. Ils seront aussi des premiers par l'esprit : si vous le voulez, vous le pouvez; vous l'avez pu toujours, et fait souvent. Témoins : Turenne et Condé, d'Aguesseau, le cardinal de Polignac, La Rochefoucault, Fénelon et tant d'autres.

Laissez l'industrie marcher : elle n'est pas destinée à la conquête du monde; et le fût-elle, si vous laissez les industriels n'aspirer, comme ils le font, qu'à l'Éducation commune et professionnelle; si, prenant ce qu'il faut de cette Éducation inférieure, vous savez vous élever plus haut, vous fortifier, vous ennoblir, vous éclairer par la grande Éducation de l'intelligence, vous dominerez tout encore : vous l'emporterez nécessairement ; vous gouvernerez, vous dirigerez l'industrie elle-même ; vous la sauverez de ses excès ; vous l'éleverez jusqu'à vous ; et vous demeurerez toujours, à votre place, ce que vous êtes : un Montmorency, un d'Harcourt, ou un autre de ces noms fameux qui règnent sur l'opinion par un prestige héréditaire.

Que si ces glorieuses destinées vous étonnent, si elles vous semblent au-dessus de notre âge, je n'accorderai pas encore, même en y renonçant pour vous, que vous deviez ne rien faire ici-bas. Je n'accorderai jamais que vous puissiez être sans aucun travail en ce monde.

Non, la chasse, les romans, les chevaux et les chiens ne suffisent à rien et à personne. Je vous dirai avec les saintes Écritures : *Non oderis opera laboriosa, et rusticationem creatam ab Altissimo : ne dédaignez pas le travail, pas même le travail de la terre, et l'agriculture qui fut créée par le Très-Haut.* L'agriculture est le fondement de la vie humaine.

Oui, si l'industrie et le commerce ne vous conviennent pas, soyez de nobles, et même, si vous le pouvez, d'illustres agriculteurs. C'est encore là un belle et glorieuse part de travail. Soyez fidèles au sol qui a fait votre nom et votre fortune, et le sol vous sera fidèle à son tour, et les populations vous béniront. Si elles vous bénissent moins depuis trente-cinq années, c'est que vous les avez trop abandonnées.

Pourquoi, dédaignant votre véritable et solide grandeur, iriez-vous traîner à Paris, dans les cercles ruineux du jeu et du plaisir, une vie indigne de vous ? Pourquoi iriez-vous jeter le reste de vos biens dans les abîmes du luxe et de tous les déportements qu'entraîne l'oisiveté, plutôt que d'habiter honorablement vos terres, plutôt que de pousser dans le pays ces racines profondes que les révolutions elles-mêmes ne sauraient arracher ; plutôt que de vous faire aimer, respecter, en répandant autour de vous des bienfaits sur des populations pauvres, qui ne demandent qu'à vous rendre librement cette allégeance à laquelle elles étaient tenues envers vos aïeux ?

Pourquoi laisser des soins si nobles à vos hommes d'affaires, à vos intendants, à vos notaires, à vos avocats, qui se font aimer et choisir au lieu de vous, qui vous succèdent véritablement, et sont aujourd'hui représentants du peuple à votre place ?

Il y a un mot de l'Écriture dont je demande à Dieu de ne laisser tomber le poids sur personne en mon pays ; mais c'est un mot terrible, s'il en fût jamais, et digne d'être médité par tout le monde. Le voici : *La faction des hommes de plaisir,* dit l'Esprit-Saint, *sera éternellement inutile : auferetur factio lascivientium* (1).

Concluons : chacun ici-bas a quelque chose à faire, une route à suivre, un but à atteindre, un travail à accomplir, une place à occuper ; en un mot, des obligations graves, des devoirs sérieux à remplir.

Le travail, qui est l'application de l'âme, est aussi sa force et sa gloire. Sans le travail, sans l'application, nul ne peut être rien ni en ce monde, ni dans l'autre.

Dieu et les hommes méprisent, repoussent, comme un serviteur inutile, l'homme qui ne fait rien, qui ne sert à rien.

(1) Amos.

L'application seule fait les grands hommes, les grands saints, les héros, les hommes de génie.

Tout cela est rare aujourd'hui, parce qu'on ne connaît plus le travail sérieux, l'application profonde. Poëtes, littérateurs, historiens, philosophes ne s'appliquent plus; on sait ce que la plupart sont devenus depuis cinquante ans.

Que si la difficulté des temps ne vous permet pas d'aspirer au gouvernement des choses publiques;

Du moins sachez vous appliquer au gouvernement de votre fortune, de votre famille, de vos serviteurs, de vos enfants. Ayez les connaissances agricoles, industrielles, commerciales mêmes, qu'exige la nature de vos biens, de vos revenus; et pour nommer les choses par leur nom, que demandent vos forges, vos moulins, vos terres, vos bestiaux. Sachez de tout cela au moins ce qui est nécessaire pour vous en faire rendre un juste compte.

Gouvernez, surtout, vos enfants et leur Éducation : grande œuvre à laquelle vous ne devez jamais rester étrangers!

Gouvernez vos serviteurs si souvent délaissés. Gouvernez les bonnes œuvres : sachez les fonder généreusement, les propager avec zèle. Occupez-vous des villageois qui vous entourent; sachez vous en faire aimer; soulagez les pauvres; soyez dans votre commune et dans votre province un homme utile, un conseiller charitable! Améliorez tout autour de vous, les ponts, les routes, les églises, les écoles, les maisons communales.

Et surtout recueillez ce dernier enseignement, c'est que, quels que soient les malheurs des temps, il ne saura jamais être permis de sacrifier la société, les mœurs, la Religion, de se sacrifier soi-même et ses enfants, aux intérêts passagers de la politique, et de se faire des révolutions un titre au désœuvrement.

Serait-il vrai qu'il y ait jamais eu en France des hommes d'État qui n'aient vu qu'avec une peine médiocre ce que devient parmi nous la jeunesse opulente? Serait-il possible qu'une habileté profonde ait cru que le pays se trouverait bien, dans le présent et dans l'avenir, des courses aux clochers, des dandys, des lions, et de toutes ces sociétés élégantes et corrompues de jeunes gens qui s'abdiquent eux-mêmes, et qui semblent dire à leur pays : Il ne faut plus compter sur nous?

Je ne le puis croire : ce serait un aveuglément trop étrange. Non, non : la jeunesse oisive, la jeunesse dorée, si brillante qu'elle soit, n'est pas bonne à un pays, ni dans la paix, ni dans la guerre : ni la société, ni la politique, ni la Religion, ni la morale, ni le présent, ni l'avenir, ne peuvent en être satisfaits !

J'en ai dit assez sur ce sujet : peut-être trop. Je n'ai voulu qu'être utile et remplir respectueusement un devoir.

Il y a donc pour chacun une place et des devoirs marqués en ce monde.

Quelle est cette place, quels sont ces devoirs? Qui décidera du choix à faire? Sera-ce le hasard, le caprice ou la contrainte? Non, ce sera la Providence; car rien ici-bas ne se fait à l'aventure. Rien, en pareille matière, ne peut être livré au hasard : pour chaque personne, pour chaque état, il y a une vocation de Dieu.

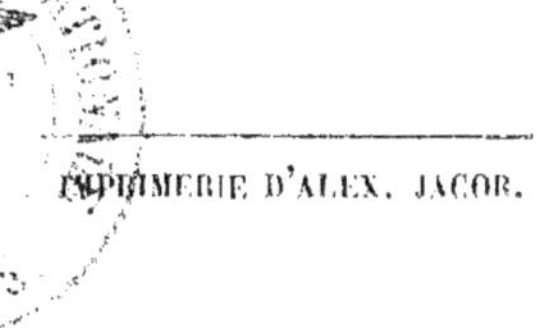

IMPRIMERIE D'ALEX. JACOB.

www.ingramcontent.com/pod-product-compliance
Lightning Source LLC
LaVergne TN
LVHW050828200726

843507LV00001B/227